诗词有音乐（一）

◎ 槿 岚 著

北京交通大学出版社

·北京·

图书在版编目（CIP）数据

诗词有音乐．（一）/槿岚著 ．—北京 ：北京交
通大学出版社，2019.10
ISBN 978-7-5121-4068-4

Ⅰ．①诗⋯　Ⅱ．①槿⋯　Ⅲ．①古典诗歌—中国—学前
教育—教学参考资料 ②音乐课—学前教育—教学参考资料
Ⅳ．①G613

中国版本图书馆 CIP 数据核字(2019)第 203660 号

诗词有音乐（一）
SHICI YOU YINYUE（YI）

策划编辑：王小琴　　　责任编辑：王 忱
出版发行：北京交通大学出版社　　电话：010-51686414　　http://www.bjtup.com.cn
地　　址：北京市海淀区高梁桥斜街44号　　邮编：100044
印 刷 者：艺堂印刷（天津）有限公司
经　　销：全国新华书店
开　　本：185 mm x 260 mm　　印张：5　　字数：125千字
版　　次：2019年10月第1版　　2019年10月第1次印刷
书　　号：ISBN 978-7-5121-4068-4 / G·1902
印　　数：1~2000册　　定价：396.00元（全四册）

本书如有质量问题，请向北京交通大学出版社质监组反映。对您的意见和批评，我们表示欢迎和感谢。
投诉电话：010-51686043，51686008；传真：010-62225406；E-mail：press@bjtu.edu.cn。

序 言

在《诗词有音乐》里，你会陪伴孩子聆听一首小诗，或者哼唱一段诗意的旋律，来读懂诗人的内心。作为一段创意之旅，这或许是一种陪伴、一种感动、一种成长，也或许是一种爱。

"腹有诗书气自华"，我们深知诗词赋予我们的精神食粮；音乐带给我们无穷的魅力，不仅能让孩子收获渊博的知识、感知古人的智慧，从而成为自信、善良、有骨气、坚强的人。

《诗词有音乐》是一套能让小朋友学以致用的匠心之作，通过将诗词唱成歌、跳成舞、演成剧，带孩子做游戏，给孩子讲故事，聆听一段音乐，创作一幅创意画，引导孩子以拓展和创作的方式全方位、多角度训练孩子的思维能力、观察能力和动手能力，培养孩子的情商和音乐艺术修养。

本套书从诗词出发，引导孩子学习各种音乐知识，具有以点带面、可线上线下互动学习、扫码即听等特点，内容通俗易懂，将知识娓娓道来。编写这套《诗词有音乐》，我们希望每位孩子都能成为一位懂音乐、有才情的人！

—— 槿岚

序言

(1) 扫码下载加阅APP。

下载加阅APP

(2) 打开加阅APP，扫描此二维码，添加到我的书架，依次点开三个文件夹。

诗词有音乐（一）

(3) 学习时进入本册，从我的书架中点击扫描，扫描相应的二维码读取。

目 录

第一课 花非花 ……………………………………… 1

第二课 清明 ………………………………………… 7

第三课 江上渔者 …………………………………… 13

第四课 回乡偶书 …………………………………… 19

第五课 早发白帝城 ………………………………… 25

第六课 赏牡丹 ……………………………………… 31

第七课 黄鹤楼送孟浩然之广陵 …………………… 37

第八课 游子吟 ……………………………………… 43

第九课 九月九日忆山东兄弟 ……………………… 49

第十课 二十四节气歌 ……………………………… 55

第十一课 认识音符 ………………………………… 62

第十二课 拍号（$\frac{2}{4}$、$\frac{3}{4}$）和小节线 …………………… 64

第十三课 高音谱号、低音谱号和五线谱 …………… 68

第十四课 拍号（$\frac{4}{4}$）和节奏练习 ……………………… 73

花非花

小朋友，你们知道词调是什么吗？

白居易在创作花非花的时候，运用了三字句与七字句轮换的形式，这种形式有规律，近似小令，所以后来的人就将这首诗的句法作为词调。

小朋友来扫一扫二维码听听吧！

花非花

〔唐〕白居易

花非花，雾非雾。

夜半来，天明去。

来如春梦不多时，

去似朝云无觅处。

 ## 小蜜蜂采花蜜

小朋友，来玩一下小蜜蜂找鲜花的游戏吧。
小密蜂怎样才能找到鲜花呢？请用笔画出走出迷宫的路线吧！

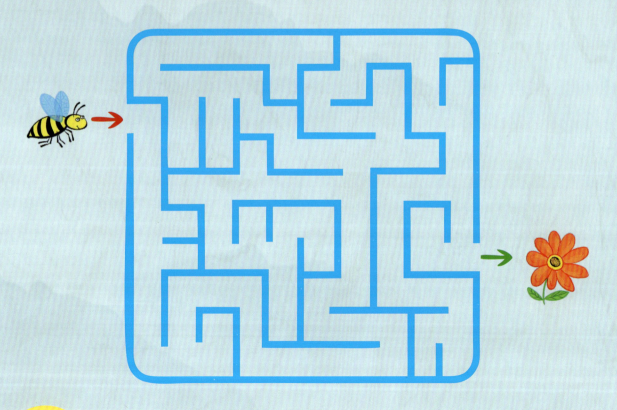

花非花

〔唐〕白居易 词
刘东、章文文 曲

1=♭E 4/4

5 6 5 — | 3 5 3 — | 2 1 2 — |
花 非 花， 雾 非 雾。 夜 半 来，

5 6 5 5 — | 2 3 5 3 | 5 6 5 3 — |
天 明 去。 来 如 春 梦 不 多 时，

2 3 5 3 | 1. 2 2 3 1 — : || 2. 2 2 6 1 — |
去 似 朝 云 无 觅 处。 无 觅 处。

渐慢
2 3 1 — ||
无 觅 处。

 提示：

1.此曲轻盈、抒情，用空灵的声音进行中速演唱。

2.演唱"花——非——花，雾——非——雾"时注意咬字要清晰，气息集中。

3.作品可采用合唱、独唱、朗诵等多种形式进行展现。

3

音乐小知识

1. 我们一起来认识五线谱。

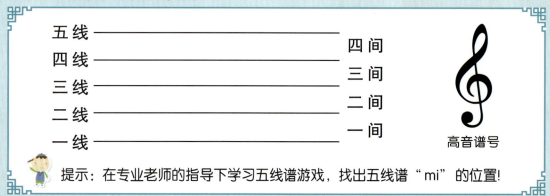

提示：在专业老师的指导下学习五线谱游戏，找出五线谱"mi"的位置！

2. 唱一唱，想一想。

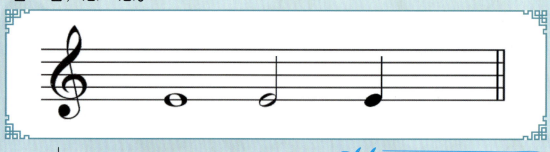

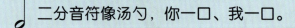四分音符棒棒糖，你一颗、我一颗。

二分音符像汤勺，你一口、我一口。

全音符像鸡蛋，你一个、我一个。

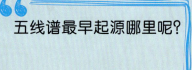

五线谱最早起源哪里呢？

3. 写一写，请小朋友在下面五线谱下方写出全音符、二分音符、四分音符。

小乐器合奏

1. 小朋友，让我们先来认识一下这些带给我们快乐的小乐器吧！

2. 让我们一起来合奏吧！

此为四分休止符

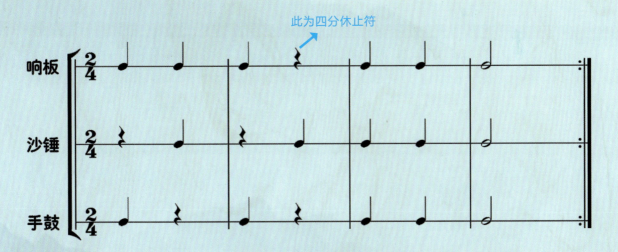

 提示：在专业老师的指导下进行小乐器合奏，掌握所学小乐器的正确使用
方法。

音乐欣赏·民乐篇（一）

1. 小朋友，你们知道吗？中国民族乐器分为哪几类呢？

吹奏乐器

弹拨乐器

打击乐器

拉奏乐器

提示：在专业老师的指导下学习，认识以上民族乐器并能区别它们的特性和类别。

2. 中国音乐家的故事。

伯牙的故事

伯牙绝弦的故事，高山流水遇知音。

清明

　　小朋友，清明节又称踏青节、三月节和祭祀节。这个节日会在仲春与暮春之交。清明节既是自然节气又是传统节日，我们把"春节""清明节""端午节""中秋节"称为中国的四大传统节日。

看看想想

小朋友来扫一扫二维码听听吧！

7

清明

〔唐〕杜牧

清明时节雨纷纷，路上行人欲断魂。

借问酒家何处有？牧童遥指杏花村。

 ## 小奶牛找草吃

小朋友，我们来玩一下小奶牛找草吃的游戏吧。

小奶牛怎样才能找到草呢？请用笔画出走出迷宫的路线吧！

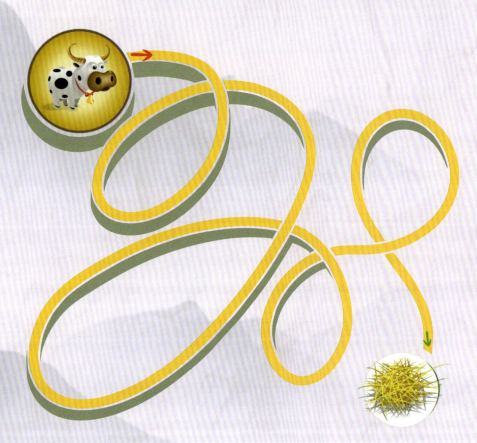

清明

〔唐〕杜牧 词
刘东 曲

1=♭E 3/4

| 1 1 3 2 | 6 1 1 — | 5 6 1 2 | 1 6 5 — |

清明 时 节　雨纷纷，　　路上 行 人　欲断魂。

| 1 1 2 3 | 2 1 6 — | 1 1 3 2 | 1 2 1 — :‖

借问 酒 家　何处有　　牧童 遥 指　杏花村。

范唱音频　　　伴奏音频

 提示：

1.此曲运用忧伤、平和、安静的情绪来演唱。

2.在节目排练时，可加入朗诵、讲故事、合唱、独唱等多种形式进行展现。

3.注意"纷""魂""村"的咬字发音，字尾收音时要清晰。

4.发声技巧训练：可用流畅伸展技巧来训练声音的饱满和流动性。

音乐小·知识

1. 小朋友，认一认五线谱的"do""mi""sol"，写一写、画一画。

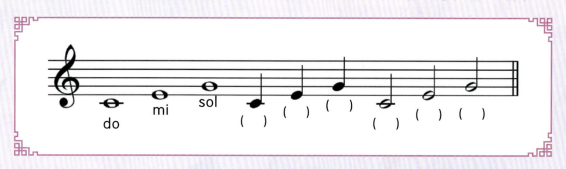

 提示：在专业老师的指导下进行认识"do""mi""sol"的线上趣味游戏。

2. 唱一唱，想一想。

下加一线　do　do　do，　小嘟来开门！

第一线上　mi　mi　mi，　猫咪来唱歌！

第二线上　sol　sol　sol，sol了一下真好喝！

3. 想一想，五线谱的音符位置代表什么？音符的形状代表什么？把答案写在（　　）里。

（　　　　　）　　　　（　　　　　）

小乐器合奏

1. 小朋友，让我们先来认识一下这些小乐器吧！

2. 让我们一起来合奏吧！

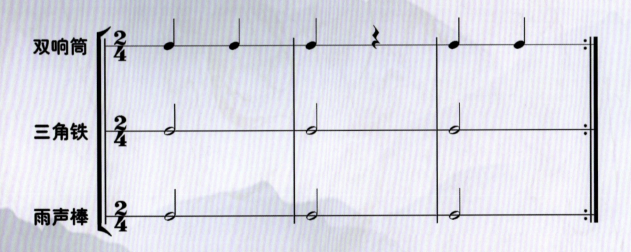

提示：在专业老师的指导下，先进行小乐器合奏练习，再配合《清明》音乐进行演唱并加入乐器伴奏。

1. 吹奏乐器。

 提示：小朋友，在专业老师的指导下，学习"笛子""萧""埙"的音色特性和结构特征，说出它们的不同及它们表达的音乐情感。

2. 中国音乐家的故事。

阳春白雪

《阳春白雪》又名《阳春古曲》，是春秋时期晋国被称为"乐圣"的师旷所作。在战国时代被称为楚国的高雅乐曲的代名词，亦指高深典雅、高深不易懂，常跟"下里巴人"和"曲高和寡"连用。这个典故说明了不同的欣赏者之间审美情趣和审美能力存在着巨大差异。

江上渔者

此诗约作于北宋景元年（1034）。当时范仲淹46岁，主政苏州，为治水患，正在苏常一带察看水情。目睹江中一叶扁舟，在风急浪高的水面忽浮忽沉，感慨赋诗。

看看想想

小朋友来扫一扫二维码听听吧！

13

江上渔者

〔宋〕范仲淹

江上往来人，但爱鲈鱼美。

君看一叶舟，出没风波里。

 ## 小鱼找妈妈

小朋友，来玩一下小鱼找妈妈的游戏吧。
小鱼怎样才能找到妈妈呢？请用笔画出走出迷宫的路线吧！

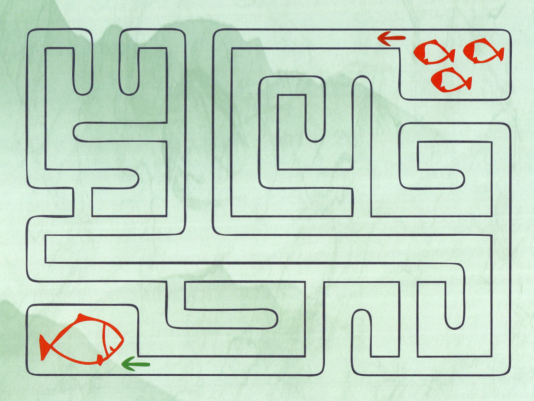

江上渔者

〔宋〕范仲淹 词
刘东 曲

1=C 2/4

| 6 5 3 5 | 5 6 0 | 5 3 5 6 5 | 3 0 |

江 上 往 来 人， 但 爱 鲈 鱼 美。

| 2 3 5 3 | 2 0 | 5 3 7 7 | 6 0 :‖

君 看 一 叶 舟， 出 没 风 波 里。

范唱音频　　伴奏音频

唱唱演演

提示：

1. 用干脆、清亮的声音来演唱此曲。
2. 作品可采用独唱、轮唱、合唱等多种形式进行展现。
3. 注意"人""鲈鱼""里"的咬字及发音。
4. 发声技巧训练：试着运用休止符的演唱技巧训练。

15

音乐·小·知识

1. 小朋友，请一起来认识五线谱的 "re" "fa" "la" 吧！

提示：在专业老师的指导下学习 "re" "fa" "la" 并在游戏中区别与 "do" "mi" "sol" 的音高位置。

2. 唱一唱，想一想。

下加一间　　re　re　re，　在间内开始唱（re）。

第一间内　　fa　fa　fa，　我有一个小沙发（fa）。

第二间内　　la　la　la，　你帮我拉（la）个小箱子。

小乐器合奏

1. 小朋友，让我们先来认识一下这些小乐器吧！

2. 让我们一起来合奏吧！

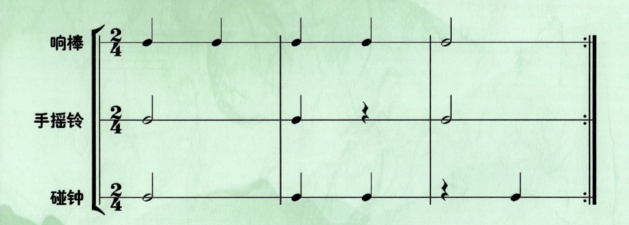

提示：在专业老师的指导下，演唱《江上渔者》并用小乐器创作伴奏。

17

音乐欣赏·民乐篇（三）

1. 吹奏乐器。

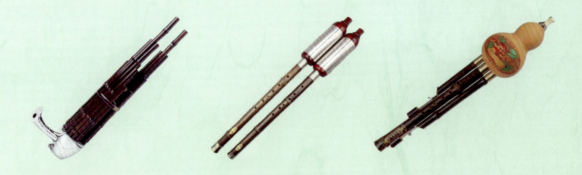

🧒 提示：小朋友，在专业老师的指导下学习"笙""巴乌""葫芦丝"的音色特性和结构特征，并说出它们的不同之处，以及在音乐元素运用中有什么区别？

2. 中国音乐家的故事。

李龟年与他的《渭川曲》

　　李龟年是唐朝的音乐家，善歌、擅长笙箫、擅奏羯鼓，长于作曲，与李彭年、李鹤年兄弟创作的《渭川曲》唐玄宗很是欣赏。安史之乱后，李龟年流落到江南，最后忧郁而死。

回乡偶书

小朋友，你们知道贺知章的故乡在哪里吗？贺知章写了二首《回乡偶书》，你们知道另一首的内容是什么吗？

小朋友来扫一扫二维码听听吧！

回乡偶书

〔唐〕贺之章

少小离家老大回，乡音无改鬓毛衰。
儿童相见不相识，笑问客从何处来。

 帮老爷爷回家

小朋友，来玩一下找路回家的游戏吧。
老爷爷怎样才能找到家呢？请用笔画出走出迷宫的路线吧！

回乡偶书

〔唐〕贺知章 词
刘东 曲

1=F 4/4

```
3  2  5  6 | 3  2  1  - | 2  2  3  1 | 2  1  2  - |
少  小  离  家   老  大  回，   乡  音  无  改   鬓  毛  衰。

3  2  5  6 | 3  2  1  - | 2  1  2  3 | [1.] 5  3  2  - :||
儿  童  相  见   不  相  识，   笑  问  客  从      何  处  来。

[2.] 2  1  1  - :|| 2  1  2  3 | 2  -  1  - | 1  -  -  - ||
何  处  来。       笑  问  客  从   何      处      来。
```

范唱音频　　　伴奏音频

 提示：

唱唱演演

1. 此曲自由抒情，表达了对久别的故乡的亲切感。
2. 注意"回""鬓""识""客"的咬字及发音。
3. 演绎作品时可采用独唱、合唱等多种形式进行展现。
4. 发声技巧训练：可用力度变化技巧进行学习训练。

音乐·小知识

小朋友，我们认识了高音谱号、五线谱等，我们今天来学习节拍、拍号。

$$\frac{2}{4} \qquad \frac{3}{4} \qquad \frac{4}{4}$$

例如：

2 → 每小节有2拍	3 → 每小节有3拍	4 → 每小节有4拍
4 → 以四分音符为1拍	4 → 以四分音符为1拍	4 → 以四分音符为1拍

例如：

例如：

| 爱 你 | 我 爱 你 | 我 很 爱 你 |

$\frac{2}{4}$ 节拍特点：直接明了。

$\frac{3}{4}$ 节拍特点：节奏明显，强弱关系突出。

$\frac{4}{4}$ 节拍特点：展开讲故事，叙事性强。

提示：在专业老师的指导下进行 $\frac{2}{4}$ $\frac{3}{4}$ $\frac{4}{4}$ 拍的游戏训练。

小乐器合奏

1. 小朋友，让我们先来认识一下这些小乐器吧！

2. 让我们一起来合奏吧！

 提示：在专业老师的指导下，自己为《回乡偶书》创作音乐伴奏。

音乐欣赏·民乐篇（四）

1. 吹奏乐器。

提示：小朋友，在专业老师的指导下认识"唢呐""陶笛""排箫"的音色特性和音乐元素运用的不同。

2. 中国音乐家的故事。

姜夔（kuí）和他的《续书谱》

姜夔（1154—1221），字尧章，号白石道人，南宋文学家、音乐家。他多才多艺、精通音律、能自度曲，其词格律严密，他对诗词、散文、书法、音乐，无不精善，是继苏轼之后又一难得的艺术全才。

早发白帝城

小朋友，你们知道诗中所说的白帝城在今天的哪里吗？
江陵又是什么地方呢？

看 看 想 想

小朋友来扫一扫二维码听听吧！

早发白帝城

〔唐〕李白

朝辞白帝彩云间，千里江陵一日还。

两岸猿声啼不住，轻舟已过万重山。

 ## 李白坐船

小朋友，来玩一下找船的游戏吧。

诗人怎样才能找到船呢？请用笔画出走出迷宫的路线吧！

早发白帝城

〔唐〕李白 词
刘东 曲

1 = G 2/4

```
5. 6 5 6 | 1 2 1 | 6. 5 1 6 | 5 6 5 |
朝  辞 白 帝   彩 云 间，   千  里 江 陵   一 日 还。

3. 5 6 1 | 2 1 6 | 5. 5 6 1 | 2 6 1 ‖
两  岸 猿 声   啼 不 住，   轻  舟 已 过   万 重 山。
```

范唱音频

伴奏音频

唱唱演演

 提示：

1. 此曲中速、轻快、声音饱满。

2. 在演唱时根据学生音域可作调整。

3. 作品可采用独唱、合唱等多种形式进行展现。

4. 发声技巧训练：可用附点技巧来进行学习训练。

27

音乐小·知识

　　我们已经学习了五线谱、节拍拍号和音符，接下来让我们来认识高音谱号和低音谱号。

 提示：在专业老师指导下进行高音谱号和低音谱号的认音游戏吧。

小乐器合奏练习

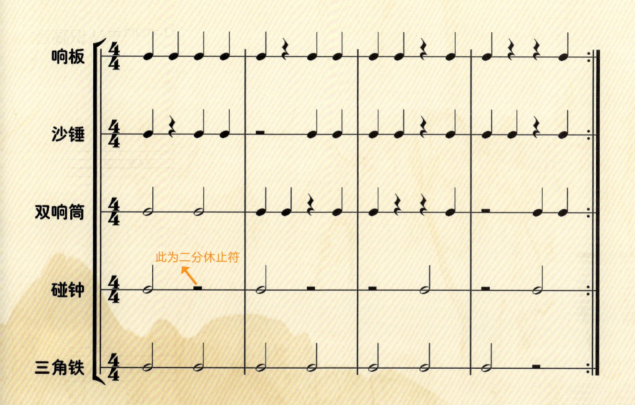

此为二分休止符

 提示：在专业老师指导下进行再次创作，同时演唱并为《早发白帝城》
进行小乐器伴奏。

音乐欣赏·民乐篇（五）

1. 弹奏乐器。

 提示：小朋友，观察古琴和古筝有什么区别？结构和音色有何不同？
你们知道《广陵散》《高山流水》《十面埋伏》吗？

2. 中国音乐家的故事。

嵇康与《广陵散》

嵇康是三国魏著名文学家、哲学家、禅乐家，以弹《广陵散》而知名，《广陵散》又名《广陵止息》，据《史记》记载，《广陵散》讲述的是战国时期一个叫聂政的韩国义士为友刺杀政敌韩国宰相的故事，体现了"士为知己者死"的情义。

《广陵散》是我国现存古琴曲中唯一具有"戈矛杀伐"的战斗气氛的乐曲，具有很高的思想性及艺术性。

30

赏牡丹

赏牡丹

庭前芍药妖无格

池上芙蕖净少情

惟有牡丹真国色

花开时节动京城

小朋友，你们见过牡丹花吗？

牡丹又名焦骨牡丹，牡丹一般生长在河南洛阳和山东菏泽，《牡丹传说》中"逐出西京贬洛阳，心高丽质压群芳，铲根焦骨荒唐事，引惹诗人说武皇"写出了牡丹不屈傲骨精神，这本书你看过吗？

看看想想

小朋友来扫一扫二维码听听吧！

赏牡丹

〔唐〕刘禹锡

庭前芍药妖无格，池上芙蕖净少情。
唯有牡丹真国色，花开时节动京城。

牡丹仙子找花朵

小朋友，来玩一下找牡丹花的游戏吧。
牡丹仙子怎样才能找到花呢？请用笔画出走出迷宫的路线吧！

赏牡丹

〔唐〕刘禹锡 词
刘东 曲

1=♭B 或♭C 2/4

```
3 5   3 5  | 6 3   5    | 2 3   5 3  | 2 1   3   | 1 2   3 5 |
庭前 芍药  妖无 格，     池上 芙蕖  净少 情。    唯有 牡丹
```

```
6 5 3    | 5 5 3 5  |1. 3 2 1 :‖2. 3   2   | 1 —  | 1 0 ‖
真国 色，  花开 时节  动京 城。    动 京    城。
```

范唱音频

伴奏音频

 提示：

唱唱演演

1. 此曲字比较多，保持发音的灵活清晰。

2. 注意"芍药""芙蕖""时节"的咬字及发音。

3. 作品可采用独唱、情景剧、朗诵配合唱等多种形式进行展现。

音乐·小·知识

1. 小朋友，你们知道音名、唱名吗？

   音名：C D E F G A B

   唱名：do re mi fa sol la si

       C   D   E   F   G   A   B
       do   re   mi   fa   sol la   si

2. 写一写、想一想，请小朋友们把下面音符的音名填在（　　　）内。

   （　） （　） （　） （　） （　）

小乐器合奏

 提示：在专业老师的指导下进行再次创作。

音乐欣赏·民乐篇（六）

1. 弹拨乐器。

提示：小朋友，在老师的指导下认识"月琴""竖箜篌""阮"的结构特征和音色区别。

2. 中国音乐家的故事。

朱权和他的 《神奇秘谱》《太和正音谱》

朱权，明代戏曲理论家、剧作家和古琴家，明太祖朱元璋第十七子，封宁王，号臞仙，多才多艺，曾奉命编辑《通鉴博论》、《家训》六篇、《史断》一卷、《文谱》八卷、《诗谱》一卷。

黄鹤楼送孟浩然之广陵

　　小朋友，你们知道吗？黄鹤楼是中国著名的名胜古迹，故址在当今湖北省武汉市武昌蛇山的黄鹤矶上，传说三国时期的费祎于此登仙乘黄鹤而去，故称"黄鹤楼"。

看看想想

小朋友来扫一扫二维码听听吧！

黄鹤楼送孟浩然之广陵

〔唐〕白居易

故人西辞黄鹤楼，烟花三月下扬州。

孤帆远影碧空尽，唯见长江天际流。

 ## 找驿站

小朋友，帮忙找到驿站，然后休息一下吧。

诗人怎样才能找到驿站呢？请用笔画出走出迷宫的路线吧！

黄鹤楼送孟浩然之广陵

〔唐〕李白 词
刘东 曲

1=♭E 4/4

```
1 2 3 2 1   2 | 2 3 3   -   0 | 2 3 5 3 2 1   2 | 2 -   -   0 |
故 人 西 辞 黄   鹤   楼，        烟 花 三 月 下   扬   州。
```

```
5 5 5 2 3 2   3 2 | 1   -   -   0 | 2 2 3 5 6   3 | 5   -   -   0 :‖
孤 帆 远 影 碧 空   尽，              唯 见 长 江 天   际   流。
```
[1.]

[2.]
```
2 2 3 5 3   2 | 1   -   -   0 ‖
唯 见 长 江 天   际   流。
```

范唱音频

伴奏音频

唱唱演演

 提示：

1. 此曲中速、抒情，表达了诗人送别之情。
2. 注意"鹤楼""杨州""空尽""际流"的咬字及发音。
3. 作品可采用独唱、合唱等多种形式进行展现。
4. 发声技巧训练：可运用延长音和休止符进行结合训练。

音乐小知识

小朋友，我们一起写一写、读一读、认一认吧。

 提示：小朋友，动手把学过的音符和音乐符号写一写、认一认、读一读。

小乐器合奏

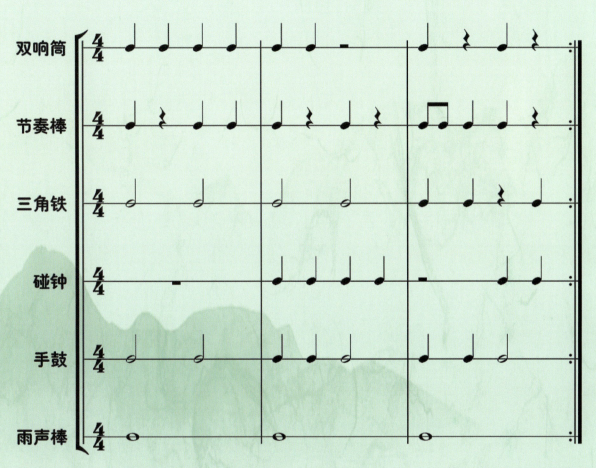

 提示：在专业老师的指导下进行再次创作。

1. 拉奏乐器。

 提示：在专业老师引导下，区别"二胡""马头琴""板胡"的音色和结构特性。

2. 中国音乐家的故事。

王玉峰

清末民间盲艺人，以"三弦弹戏"模仿京剧名演员龚云甫唱腔得名。史料中曾有记载："光宣之间，京师王玉峰弹三弦，号绝技"。

游子吟

天之大，唯有你的爱完美无瑕。

妈妈是天下最疼爱我们的人，不求回报，我们在妈妈的呵护下健康成长，小朋友们，你能为妈妈画幅像吗？

看看想想

小朋友来扫一扫二维码听听吧！

游子吟

〔唐〕孟郊

慈母手中线，游子身上衣。

临行密密缝，意恐迟迟归。

谁言寸草心，报得三春晖。

 找衣服

小朋友，来玩一下找衣服的游戏吧。

诗人怎样才能找到自己的衣服呢？请用笔画出走出迷宫的路线吧！

游子吟

〔唐〕孟郊 词
刘东 曲

1=F 4/4

6 5̲ 1̲ 6̲ 5̲ - | 6̲ 5̲ 1̲ 6̲ 2 - | 3 2 2̲ 1̲ 6̲ | 5̲ 6̲ 1̲ 6̲ 5̲ - |

慈母 手中 线， 游子 身上 衣。 临 行 密密 缝， 意恐 迟迟 归。

5̲ 6̲ 1̲ 6̲ 2 - | 3̲ 2̲ 1̲ 6̲ 1 - : ‖ 结束句 3 2 1 6̲ | 1 - - - ‖

谁言 寸草 心， 报得 三春 晖。 报 得 三 春 晖。

范唱音频　　伴奏音频

 提示：

1. 此曲中速、连贯、流畅、声音饱满。

2. 在演唱时根据学生音域可作调整。

3. 作品可采用独唱、合唱等多种形式进行展现。

4. 发声技巧训练：可用延长音技巧进行学习训练。

唱唱演演

45

音乐小·知识

1. 小朋友，今天让我们一起来学习休止符！
   休止符：乐谱中用以表示乐音停顿时间长短的符号。

全休止符　　　　二分休止符　　　　四分休止符

2. 想一想，写一写。

全休止符　　　　二分休止符　　　　四分休止符

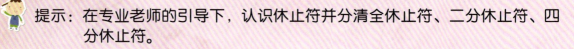
　　　　全休止符　　晾衣服

　　　　二分休止符　　托盘子

　　　　四分休止符　　像燕子

 提示：在专业老师的引导下，认识休止符并分清全休止符、二分休止符、四分休止符。

小乐器合奏

 提示：在专业老师的指导下，进行小乐器合奏，为《游子吟》伴奏并演唱。

音乐欣赏·民乐篇（八）

1. 打击乐器。

 提示：在老师的专业指导下，认识打击乐器"梆子""木鱼""编钟"音色特性和音乐元素的不同。

"阿炳"与他的《二泉映月》

"阿炳"真名叫华彦钧，是位民间艺术家，因患眼疾，双目失明，大家都叫他瞎子"阿炳"，一生共创作270多首民间乐曲，擅长演奏道教音乐。

九月九日忆山东兄弟

　　小朋友，你们知道九月九日是什么日子吗？知道这天会有什么生活习俗吗？诗中的"山东"是指今天地图上的山东吗？

看 看 想 想

小朋友来扫一扫二维码听听吧！

49

九月九日忆山东兄弟

〔唐〕王维

独在异乡为异客，每逢佳节倍思亲。
遥知兄弟登高处，遍插茱萸少一人。

 找酒喝

小朋友，来玩一下找酒壶的游戏吧。
诗人怎样才能找到他的酒壶呢？请用笔画出走出迷宫的路线吧！

九月九日忆山东兄弟

〔唐〕王维 词
刘东 曲

1=C 4/4

```
6.  6 7 6 5 7 | 6 - - - | 3.  5 6 5 3 5 | 3 - - - |
独    在异乡为异  客,          每    逢佳节倍思  亲。

5.  5 6 5 | i 6 5 - | 3.  5 7 6 5 7 | 6 - - - :|
遥    知兄弟 登高 处,       遍    插茱萸少一  人。

结束句
5.  5 6 5 | i 6 5 - | 3.  5 7 6 5 7 | 6 - - - ||
遥    知兄弟 登高 处,       遍    插茱萸少一  人。
```

范唱音频

伴奏音频

 提示:　　　　　　　　唱唱演演

1. 此曲演唱时,要唱出亲切之情、对于亲人的思念之情。

2. 注意"逢""登高处""茱萸"的咬字及发音。

3. 作品可采用独唱、合唱等多种形式进行展现。

4. 发声技巧训练:可对气息流畅伸展进行学习训练。

音乐小知识

今天我们来学习上行（xíng）音阶和下行音阶。

1	2	3	4	5	6	7	i
do	re	mi	fa	sol	la	si	do

do si la sol fa mi re do

提示：在专业老师的指导下，进行上行、下行音阶的游戏训练，了解音阶的概念并唱出音阶。

小乐器合奏

 提示：在专业老师的指导下进行再次创作。

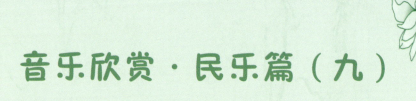

音乐欣赏·民乐篇（九）

1. 小朋友，你们认识这些乐器吗？

 提示：在专业老师的指导下，认识"扬琴""冬不拉""马头琴"结构特性和音色区别。

2. 中国音乐家的故事。

苏祗婆

苏祗婆是南北朝时的宫廷音乐家。善弹胡琵琶。苏祗婆曾向其父学习西域所用的"五旦""七调"等七种调式的理论，使苏氏乐调体系为唐代著名的"燕乐二十八调"奠定了理论基础，是我国古代音乐发展史上的一个重要转折点。

二十四节气歌

　　小朋友，二十四节气是指干支历中表示季节、物候、气候变化，以及确定"十二月建"的特定节令。它不仅在农业方面起着指导作用，还影响着古人的衣食住行，也是人们日常生活中预知冷、暖、雪、雨的指南针。

小朋友来扫一扫二维码听听吧！

二十四节气歌

立春雨水渐，惊蛰虫不眠，

春分近清明，采茶谷雨前；

立夏小满足，芒种大开镰，

夏至才小暑，大暑三伏天；

立秋处暑去，白露南飞雁，

秋分寒露至，霜降红叶染；

立冬小雪飘，大雪兆丰年，

冬至数九日，小寒又大寒。

🔔 成长规律

　　小朋友，一颗小树苗长成一颗大树需要经历春、夏、秋、冬四个季节，请你按顺序描连出成长的季节吧！

春天

秋天

夏天

冬天

二十四节气歌

佚名 词
刘东 曲

1=G 2/4

1 6 5 5 | 6 - | 1 6 565 5 | 3 - | 6 6 | 1 6 5 |
立春 雨水 渐 惊蛰 虫不 眠 春 分 近清 明
立夏 小满 足 芒种 大开 镰 夏 至 才小 暑

[1. 3 5 7 5 | 6 -] :[2. 5 3 7 5 | 6 - | 1 1 7 6 | 5 - |
采茶 谷雨 前 大暑 三伏 天 立秋 处暑 去

6 6 1 6 | 5 - | 5 5 | 6 5 3 | 5 3 7 1 | 2 - |
白露 南飞 雁 秋 分 寒露 至 霜降 红叶 染

1 1 7 6 | 5 - | 6 6 1 6 | 5 - | 5 5 | 6 5 3 |
立冬 小雪 飘 大雪 兆丰 年 冬 至 数九 日

3 5 7 5 | 6 - ||
小寒 又大 寒

范唱音频

伴奏音频

提示：

1. 此曲活波、轻快、朗朗上口，具有明显的节奏感。
2. 注意"眠""明""染""至""寒"的咬字及发音。
3. 作品可采用朗诵、快板、独唱、合唱、舞台剧等多种形式进行展现。
4. 发声技巧训练：可用跳音及连贯为演唱的方式进行学习训练。

演演唱唱

音乐·小·知识

1. 小朋友，我们一起学习节奏、节拍吧！

节奏是指音乐或诗歌中交替出现的有规律的强弱、长短现象，是整个作品的灵魂和骨架。

强　弱　　　　强　弱　弱　　　　强　弱　次强　弱

2. 想一想，做一做。

请小朋友们自由创作，把下面音符自由排列在高音谱表上。

 提示：在专业老师的指导下，仔细观察节拍和节奏及音符，要正确排列哦。

小乐器合奏

 提示：在专业老师的指导下进行再次创作。

1. 打击乐器。

提示：在专业老师的指导下，认识"定音鼓""大钹""排鼓"的结构特性和音色区别。

2. 中国音乐家的故事。

朱载堉和他的《十二平均律》

朱载堉是明代乐律学家，著有《乐律全书》《律名正论》《律品质疑辩感》等书。他创建的"十二平均律"被誉为"钢琴理论的鼻祖"。"十二平均律"是音乐和音乐物理领域的一大革命，也是世界科学史上的一大发明。

儿童趣味练习

认识音符

1. 今天我们要认识三位新朋友，它们都有各自的名字，他们的名字有长有短。

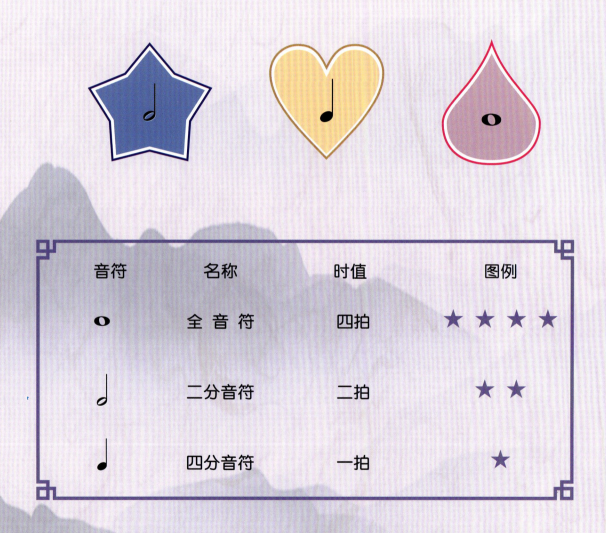

音符	名称	时值	图例
o	全 音 符	四拍	★ ★ ★ ★
♩	二分音符	二拍	★ ★
♩	四分音符	一拍	★

时值：表示音符的长短，以"拍数"计算。（本书设定以四分音符为一拍）

2. 小朋友，刚刚学习的三个音符你还记得吗？和老师一起读一读
   音符时值儿歌吧！

全音符，唱四拍，圆圆的脑袋像鸡蛋。

二分音符，唱两拍，圆圆脑袋加一竖。

四分音符，唱一拍，黑黑脑袋加一竖。

3. 小朋友，你认识方格里的音符吗？
   在空格内写上和它相同的音符吧，然后说一说这个音符的名称。

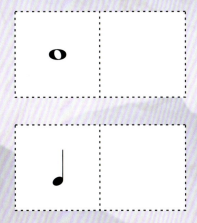

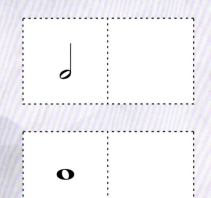

拍号（$\frac{2}{4}$、$\frac{3}{4}$）和小节线

1. 今天我们要学习两个拍号：$\frac{2}{4}$ 和 $\frac{3}{4}$ 拍号由两个数字组成。

   小朋友，你发现拍号的写法是将数字竖着排列的吗？

拍号	含义	强弱规律
$\frac{2}{4}$	"2" 表示每小节有两拍 "4" 表示以四分音符为一拍	● ○ 强 弱
$\frac{3}{4}$	"3" 表示每小节有三拍 "4" 表示以四分音符为一拍	● ○ ○ 强 弱 弱

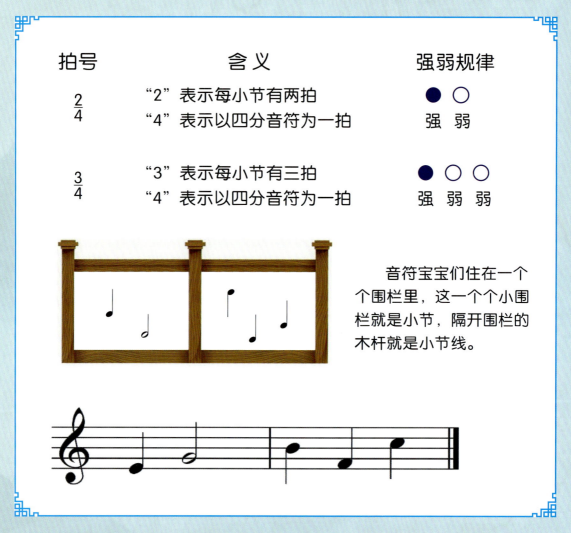

音符宝宝们住在一个个围栏里，这一个个小围栏就是小节，隔开围栏的木杆就是小节线。

拍号：用来表示不同拍子的记号。

64

2. 小朋友，和老师一起念念下面的节奏好吗，注意每一小节的强弱拍哦！

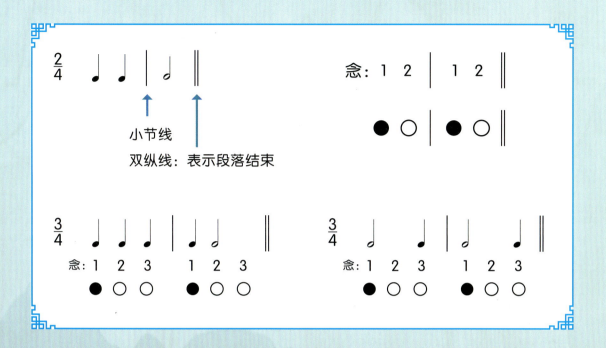

3. 小朋友，你认识下面的节奏吗？请在方框里填上合适的拍号。

节奏：将长短相同或不同音组织起来。

4. 请在合适的地方"画"上小节线。

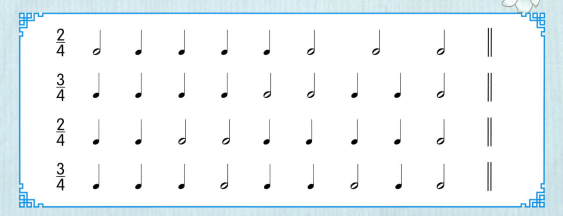

5. 根据拍号的提示，在（　　　）填写一个合适的音符。

6. 抄写下面的音符，并说说每个音符唱几拍。

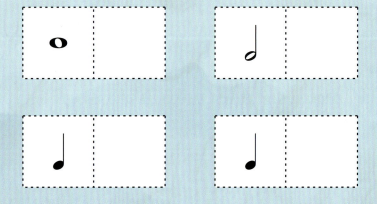

7. 数数拍子，在音符下面写出相应的拍子，并加上小节线。

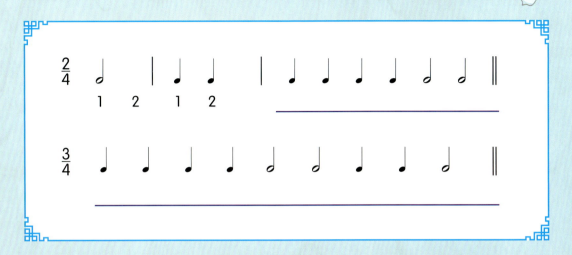

8. 请在 □ 中写出正确的数字，将拍号补充完整。

高音谱号、低音谱号和五线谱

1. 小朋友，我们今天学习的内容是谱号和五线谱。它们是用来记录音乐的，它们长什么样子呢？

高音谱号：𝄞

低音谱号：𝄢

五线谱：
═══════════

将高音谱号写在五线谱上：𝄞 ，这叫"高音谱表"。

将低音谱号写在五线谱上：𝄢 ，这叫"低音谱表"。

2. 和老师一起念念儿歌吧。

高音谱号像把伞，

低音谱号像耳朵，

五线谱有五条线，

音符跳舞在线间 。

高音谱号

低音谱号

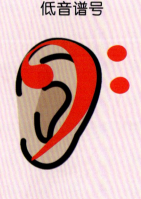

3. 五线谱由五条"线"和四个"间"组成。数数下面的"线"和"间"吧！

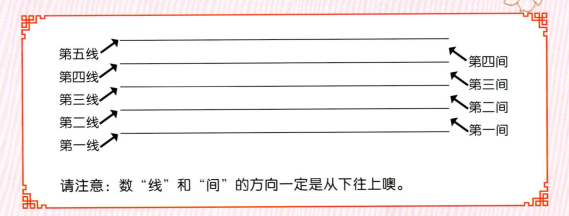

请注意：数"线"和"间"的方向一定是从下往上噢。

4. 小朋友，你认识五线谱的"线"和"间"了吗？现在做个小游戏考考你。把五线谱上的小圆圈里涂上颜色吧，并准确地说出圆圈在五线谱上位置。

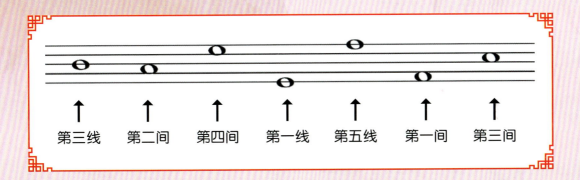

5. 读一读下面的名称，画上相应的音乐符号吧！

高音 谱号		五线谱		低音 谱号		附点二 分音符	

6. 小朋友，大家看哪一个纸鹤飞得最高？在飞得最高的纸鹤旁边的白云里画出高音谱号，在飞得最低的纸鹤旁边的白云上画出低音谱号吧！

7. 小朋友，请你试着在五线谱上描画高音谱号和低音谱号，先描画两个，另外再自己画两个。

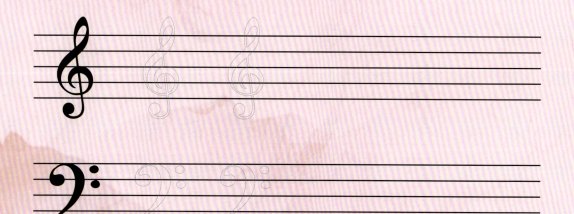

8.五线谱上共有几条"线"和几个"间"？按要求给五线谱上涂颜色吧!

▲请把第三线涂成红色,用尺子来帮忙哦!

▲请把第一线涂成橙色,用尺子来帮忙哦!

▲请把第二间涂上蓝色。

▲请把第四间涂上紫色。

▲请把第一间涂上绿色。

小猴子找香蕉

小朋友，来玩一下小猴子找香蕉的游戏吧。

小猴子怎样才能找到好吃的香蕉呢？请用笔画出走出迷宫的路线吧！

答：一路上小猴子会遇到_____个高音谱号，_____个低音谱号。

拍号（$\frac{4}{4}$）和节奏练习

1. 我们已经学习了拍号：$\frac{2}{4}$ 和 $\frac{3}{4}$，一起来复习下吧！

$\frac{2}{4}$ ▲表示每小节有两拍 $\frac{3}{4}$ ▲表示每小节有三拍

拍号	含 义	强弱规律
$\frac{4}{4}$	"4"表示每小节有四拍 "4"表示以四分音符为一拍	●○◐○ 强 弱 次强 弱

2. 小朋友，和老师一起拍拍节奏吧，记得边拍边念，拍出强弱哟！

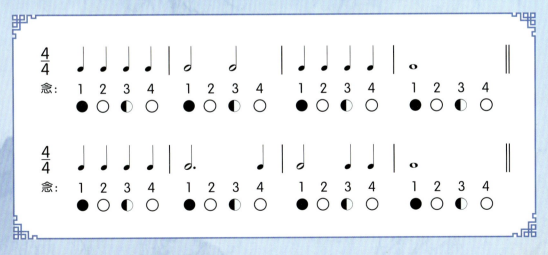

73

3. 下面每行谱子中，有一个小节是错误的，请用笔把它圈出来吧，并拍
   拍其他小节的节奏。

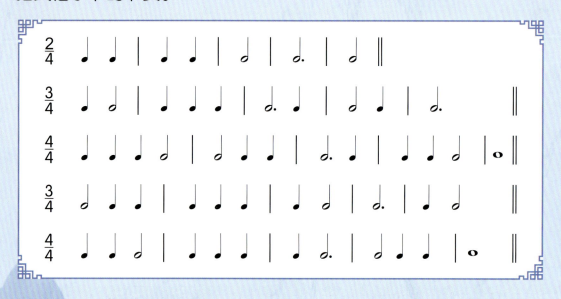

4. 小鸭子的妈妈去哪了？请在小鸭子的妈妈身上填写正确的拍号吧！

例如：

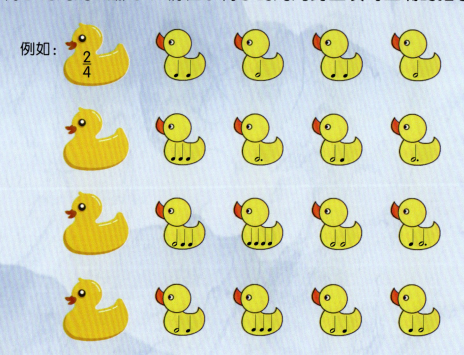

5. 请在 ▢ 内写上正确的音符，并拍拍节奏。

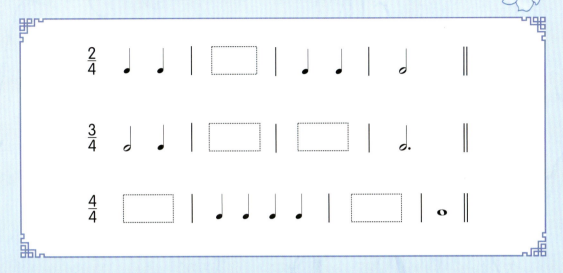

6. 小朋友，跷跷板两端的分量相等，跷跷板才能保持平衡，请根据天平下方的拍号，在 ▢ 内填上一个音符，使跷跷板的两边拍数相同。

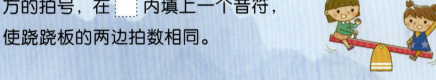

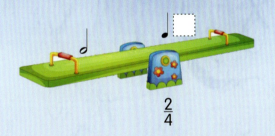

2/4

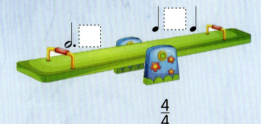

4/4

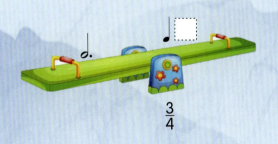

3/4

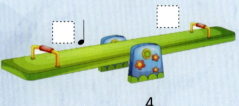

4/4

诗词有音乐（二）

◎ 槿岚 著

北京交通大学出版社

·北京·

图书在版编目（CIP）数据

诗词有音乐 . （二）/槿岚著 . —北京 ： 北京交
通大学出版社，2019.10
ISBN 978-7-5121-4068-4

Ⅰ . ①诗… Ⅱ . ①槿… Ⅲ . ①古典诗歌—中国—学前
教育—教学参考资料 ②音乐课—学前教育—教学参考资料
Ⅳ . ①G613

中国版本图书馆 CIP 数据核字（2019）第 203670 号

诗词有音乐（二）
SHICI YOU YINYUE（ER）

策划编辑：王小琴　　　责任编辑：王 忭
出版发行：北京交通大学出版社　　　电话：010-51686414　　　http://www.bjtup.com.cn
地　　址：北京市海淀区高梁桥斜街44号　　　邮编：100044
印 刷 者：艺堂印刷（天津）有限公司
经　　销：全国新华书店
开　　本：185 mm x 260 mm　　　印张：5.25　　　字数：132千字
版　　次：2019年10月第1版　　　2019年10月第1次印刷
书　　号：ISBN 978-7-5121-4068-4/G · 1902
印　　数：1~2000册　　　定价：396.00元（全四册）

本书如有质量问题，请向北京交通大学出版社质监组反映。对您的意见和批评，我们表示欢迎和感谢。
投诉电话：010-51686043，51686008；传真：010-62225406；E-mail：press@bjtu.edu.cn.

序 言

在《诗词有音乐》里，你会陪伴孩子聆听一首小诗，或者哼唱一段诗意的旋律，来读懂诗人的内心。作为一段创意之旅，这或许是一种陪伴、一种感动、一种成长，也或许是一种爱。

"腹有诗书气自华"，我们深知诗词赋予我们的精神食粮；音乐带给我们无穷的魅力，不仅能让孩子收获渊博的知识、感知古人的智慧，从而成为自信、善良、有骨气、坚强的人。

《诗词有音乐》是一套能让小朋友学以致用的匠心之作，通过将诗词唱成歌、跳成舞、演成剧，带孩子做游戏，给孩子讲故事，聆听一段音乐，创作一幅创意画，引导孩子以拓展和创作的方式全方位、多角度训练孩子的思维能力、观察能力和动手能力，培养孩子的情商和音乐艺术修养。

本套书从诗词出发，引导孩子学习各种音乐知识，具有以点带面、可线上线下互动学习、扫码即听等特点，内容通俗易懂，将知识娓娓道来。编写这套《诗词有音乐》，我们希望每位孩子都能成为一位懂音乐、有才情的人！

——槿岚

序言

（1）扫码下载加阅APP。　（2）打开加阅APP，扫描此二维码，添加到我的书架，依次点开三个文件夹。

下载加阅APP

诗词有音乐（二）

（3）学习时进入本册，从我的书架中点击扫描，扫描相应的二维码读取。

目 录

第一课 春晓 ………………………………………… 1

第二课 咏鹅 ………………………………………… 7

第三课 画鸡 ………………………………………… 14

第四课 池上 ………………………………………… 20

第五课 悯农 ………………………………………… 26

第六课 寻隐者不遇 ……………………………… 32

第七课 赋得古原草送别 ………………………… 38

第八课 江南 ………………………………………… 44

第九课 静夜思 …………………………………… 50

第十课 画 …………………………………………… 56

第十一课 一去二三里 …………………………… 62

第十二课 枫桥夜泊 ……………………………… 68

春晓

　　春天总是朝气蓬勃的模样，春回大地万物生，一年之计在于春。小朋友，你们想到了什么，看到了什么，又听到了什么呢？

看看想想

　　小朋友来扫一扫二维码听听吧，
来听一听小溪流动的声音，小鸟歌唱的声音。

1

春晓

〔唐〕孟浩然

春眠不觉晓，处处闻啼鸟。
夜来风雨声，花落知多少。

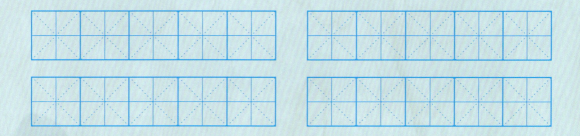

译文

春日里贪睡不知不觉天就亮了，到处可以听见小鸟的鸣叫声。

回想昨夜的阵阵风雨声，不知吹落了多少芳香的春花。

注释

晓：天刚亮的时候，春晓：春天的早晨。

不觉晓：不知不觉天就亮了。

啼鸟：鸟的啼叫声。

知多少：不知有多少。

春晓

〔唐〕孟浩然 词
刘东 曲

1=D 4/4

3 1 2 5 3 — | 3 1 2 3 5̣ — | 6̣ 1 1 6 5 3 | 5 3 5 3 2 — |
春眠 不觉 晓， 处处 闻啼 鸟。 夜来 风雨 声， 花落 知多 少。

3 1 2 5 3 — | 3 1 2 3 5̣ — | 6̣ 1 1 6 5 3 | 5 3 5 5 2 1 — |
春眠 不觉 晓， 处处 闻啼 鸟。 夜来 风雨 声， 花落 知多 少。

※
6 4 5 1̇ 6 — | 5 3 2 5 3 — | 6̣ 1 1 6 5 3 | 5 3 5 3 2 — |¹·
春眠 不觉 晓， 处处 闻啼 鸟。 夜来 风雨 声， 花落 知多 少。

²·
5 3 5 2 | 1 — — — ‖
花 落 知 多 少。 D.S.

演唱提示及注解

1. 月琴是中国传统弹拨乐器，起源于汉代，取其形圆似月，声如琴。
   月琴可独奏，器乐合奏和为歌舞伴奏。它是京剧、评剧、豫剧、楚剧、桂剧等戏
   剧的伴奏乐器，在京剧文场中，月琴、京胡、三弦合称三大件。
2. 本曲节奏清新、明快，演唱时可独唱，也可合唱。
3. 演唱时注意第三小节六度音程跨越及连音的圆润。
4. 在排练舞台节目时可加入舞台道具和教学用具。
5. 大声朗读歌词，按照一定的节奏进行，可分组。
6. 练习咬字吐字发声技巧：春、处、声、落。
7. 呼吸技巧练习：气息趣味练习。

月琴

1. 读出诗的节奏。

春眠｜不觉｜晓，　　处处｜闻啼｜鸟。

夜来｜风雨｜声，　　花落｜知多｜少。

2. 写出每个字的声调记号。

春眠不觉晓，　　处处闻啼鸟。

夜来风雨声，　　花落知多少。

创作例1：
ˉ ´ ˋ ˋ ˇ
春眠不觉晓

注解：小朋友，请在□里标上正确的声调哦！

3. 用字母和简谱来写一首歌。

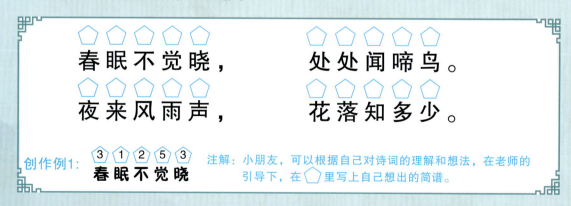

春眠不觉晓，　　处处闻啼鸟。

夜来风雨声，　　花落知多少。

创作例1：
3 1 2 5 3
春眠不觉晓

注解：小朋友，可以根据自己对诗词的理解和想法，在老师的引导下，在⬠里写上自己想出的简谱。

4

声势训练及小乐器合奏

试着打开你的耳朵听一听，再写一写。

第一次：
请把你平时所听到的声音归类，填入下面的框内。

强

弱

第二次：
请把你平时所听到的声音按音色进行归类，填入下面的框内。

清脆的

低沉的

浑厚的

激昂的

第三次：
请把你平时所听到的声音按长短进行归类，填入下面的框内。

长

短

青蛙：呱呱呱呱	北风：呼呼	蜜蜂：嗡嗡嗡嗡	泉水：叮咚、叮咚
雷声：轰隆隆	树叶：沙沙	小鸟：唧唧喳喳	马蹄：嗒嗒嗒嗒
小鸭：嘎嘎嘎	小狗：汪汪汪	流水：哗哗、哗啦啦	下雨：噼噼啪啪、淅淅沥沥

第四次
试着打开你的手和脚动一动，跳一跳。

教具：响板和沙蛋

手 手 脚 脚 手 脚

拍腿

跺脚

拓展与创作

学学做做

上节课我们学习了音的强弱、长短、音色，你能不能自己创作一首曲子呢？

第一步：

先按照你的想法组合音的长短。

□□□□　春眠不觉晓，　　□□□□□　处处闻啼鸟。

□□□□　夜来风雨声，　　□□□□□　花落知多少。

拍数	名称（在五线谱上的图式）	音的长短比例
四拍	全音符 o	
两拍	二分音符 ♩	
一拍	四分音符号 ♩	
1/2拍	八分音符 ♪	

创作例1：♪ ♪ ♪ ♪ ♪ ♩ 　注解：小朋友，请在老师的引导下，在 □ 里填上你喜欢的音符。
春眠不觉晓

第二步：

再按照你的想法填写音的高低。

□□□□　春眠不觉晓，　　□□□□□　处处闻啼鸟。

□□□□　夜来风雨声，　　□□□□□　花落知多少。

创作例1：③ ① ② ⑤ ③ 　注解：小朋友，请在老师的引导下，在 □ 里填上你喜欢的音符。
春眠不觉晓

创作提示：请在专业老师讲解或指导下进行，并按照简谱来进行创作！

咏鹅

经典成语：鸭行鹅步　　千里寄鹅毛，礼轻情意重　　鸡争鹅斗

　　这些成语你知道什么意思吗？小朋友，你们知道鹅的生活习性吗？鹅和鸭子又有什么区别呢？

看看想想

 小朋友来扫一扫二维码听听吧，
了解下鹅的生活习性，鹅和鸭子的区别。

咏鹅

〔唐〕骆宾王

鹅，鹅，鹅，曲项向天歌。
白毛浮绿水，红掌拨清波。

译文

"鹅！鹅！鹅！"

面向蓝天，一群鹅儿伸着弯曲的脖子在歌唱。

雪白的羽毛漂浮在碧绿的水面上，

红色的脚掌划着清波，就像船桨一样。

注释

曲项：弯着脖子。歌：长鸣。

拨：划动。

咏鹅

〔唐〕骆宾王 词
刘东 曲

1=♭B 或 C 4/4

```
4      4      4
5      5      5      -    |  3  5  6  i  5     -    |
鹅      鹅      鹅,           曲  项  向  天  歌。

6  i   5  6   5  6   3    |  2  3  5  1  2     -    |
白  毛   浮 绿 水,           红  掌  拨  清  波。

4      4      4
5      5      5      -    |  3  5  6  i  5     -    |
鹅      鹅      鹅,           曲  项  向  天  歌。

6  i   5  6   5  6   3    |  2  3  5  2  1     -    ‖
白  毛   浮 绿 水,           红  掌  拨  清  波。
```

 唱唱演演

范唱音频

伴奏音频

演唱提示及注解

1. 本首作品运用了民族乐器古筝,古筝又称汉筝、瑶筝、鸾筝,是中国汉民族传统乐器中的筝乐器,属于弹拨乐器。音色优美,音域宽广,演奏技巧丰富,按五声音阶排列,常用规格为二十一弦,具有较强的表现力。

2. 本曲创作具有别具一格的特点,运用了古筝的演奏技巧来描述水波纹的特性。

3. 演唱时注意第一小节装饰音的演唱技巧,轻巧并具有弹性。

4. 在排练舞台节目时可加入手指舞和丰富的队形排列。

5. 大声朗读歌词,按照一定的节奏进行,可分组。

6. 发声技巧练习咬字吐字:鹅、浮、掌、波。

7. 技巧练习:跳音趣味练习。

古筝

 1. 读出诗的节奏。

鹅，| 鹅，| 鹅，　曲项| 向天| 歌。

白毛| 浮绿| 水，　红掌| 拨清| 波。

 2. 请跟着老师做音诗律动。

鹅，鹅，鹅，　曲项向天歌。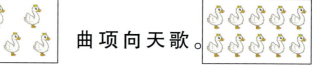

白毛浮绿水，　红掌拨清波。

 3. 请把描述鹅的形态动词填在下面的框里。

例1：游水

声势训练及小乐器合奏

 试着打开你的耳朵听一听，再写一写。

第一次：
鹅在什么状态下发出的声音属于高音区？

第二次：
鹅在什么状态下发出的声音属于中音区？

 试着打开你的手和脚动一动，跳一跳。

教具：双响筒和手鼓

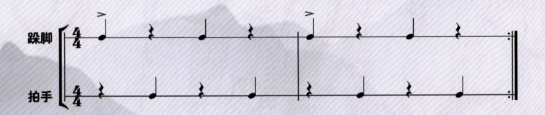

跺脚

拍手

11

拓展与创作

1. 小朋友，请跟我一起描一描吧。

2. 请将音符与诗句连一连，"♩"："我是四分音符哦。"

♩ ♩ ♩·	· 白毛浮绿水
♫ ♫ ♪·	· 鹅鹅鹅
♫ ♫ ♩·	· 曲项向天歌
♫ ♫ ♩·	· 红掌拨清波

3. 小朋友，我们上节课学习了音的强、弱、长短、音色，请结合诗中的词意来发挥自己想象力吧。

例：1 2 3 4 5 6 7 i

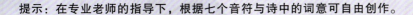

提示：在专业老师的指导下，根据七个音符与诗中的词意可自由创作。

画鸡

　　小朋友，小鸡破壳而出才能获得新生，这告诉我们只有勇于面对困难，敢于挑战，才能使自己更优秀！

看 看 想 想

小朋友来扫一扫二维码听听吧，
聆听公鸡打鸣的声音。

画鸡

〔明〕唐寅

头上红冠不用裁，满身雪白走将来。
平生不敢轻言语，一叫千门万户开。

译文

头上的红色冠子不用特别剪裁，雄鸡身披雪白的羽毛雄纠纠地走来。
它平生不敢轻易鸣叫，它叫的时候，千家万户的门都打开。

注释

裁：裁剪，这里是制作的意思。

将：助词，用在动词和来、去等表示趋向的补语之间。

平生：平素，平常。

轻：随便，轻易。

言语：这里指啼鸣，喻指说话，发表意见。

一：一旦。

千门万户：指众多的人家。

15

画鸡

〔明〕唐寅 词
刘东 曲

1 = D 2/4

```
6̣ 1 2 3 | 3 2 1 | 6̣ 1 2 3 | 6̣ #5̣ 6̣ | 2 2 2 6̣ | 4 3 2 |
头上 红冠  不用 裁，    满身 雪白  走将 来。     平生 不敢  轻言语，
```

```
[1.
1 2 3 5 | 2 1 3 | 5 3 2 1 | 3  0 :|| [2.  1 2 3 5 | 2 1 6̣ |
一叫 千门  万户 开。    （千门 万户      开）        一叫 千门  万户 开。
```

```
            ※
5 3 2 1 | 6̇ 0 | 6̇· #5̣ 6 3 | i 7 | 6 - |
（千门 万户 开）   头  上 红冠 不用 裁，
```

```
3 5 6 7 | 6 #5 | 3 — 3  0 | 2· 2 2 6̣ |
满身 雪白 走将 来。        平生 不敢
```

```
4 3 | 2 — | 1 2 3 5 | 7 #5 | 6 | 6 #5 | 6 0 ||
轻言 语，   一叫 千门 万户 开。（万户 开）   D.S.
```

唱唱演演

范唱音频　　　伴奏音频

演唱提示及注解：

1. 本首作品运用了民族乐器二胡，二胡是中国传统拉弦乐器，名曲有《二泉映月》《良宵》《听松》《赛马》。
2. 本曲创作别具一格，运用了二胡独特的音色特点来描述鸡的特性。
3. 演唱时注意声音的表现力，俏皮的技巧处理。
4. 在排练舞台节目时按群鸡队形排列。
5. 大声朗读歌词，按照一定的节奏进行，可分组。
6. 发声技巧练习咬字吐字：裁、开、敢。
7. 呼吸技巧练习：顿音趣味练习。

二胡

1. 读出诗的节奏。

头上|红冠|不用|裁，满身|雪白|走|将来。

平生|不敢|轻|言语，一叫|千门|万户|开。

2. 小朋友，我们来做"老鹰捉小鸡"的游戏吧，请跟着音乐节奏。

道具：头巾

游戏提示：
  （1）锻炼孩子的自我保护能力；
  （2）团队合作能力；
  （3）自我反应能力。

行走练习

1. 小朋友，请画出小鸡走路的姿态。

例图一：

2. 小朋友，你能区别♩和♫的吗？请描一描吧！

19

池上

　　小朋友，本首诗里所描绘的白莲你了解吗？它是开在什么季节呢？莲花告诉我们一个深刻的道理，成功需要厚积薄发，需要积累沉淀。同时，最后一步的执行是最关键的！小朋友，记得我们做任何事情都不要轻易放弃哦！

看看想想

小朋友来扫一扫二维码听听吧，
荷花又称莲花、水芙蓉。

池上

〔唐〕白居易

小娃撑小艇，偷采白莲回。
不解藏踪迹，浮萍一道开。

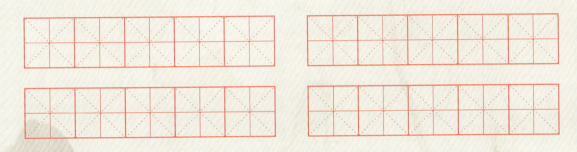

译文

一个小孩撑着小船，偷偷地采了白莲回来。

他不知道怎么掩藏踪迹，水面的浮萍上留下了一条船儿划过的痕迹。

注释

小娃：男孩儿或女孩儿。艇：船。

白莲：白色的莲花。

踪迹：指被小艇划开的浮萍。

浮萍：水生植物，椭圆形叶子浮在水面，叶下面有须根，夏季开白花。

池上

〔唐〕白居易 词
刘东 曲

1=C 4/4

```
3      6      3 3    6    | 3 2    1 7̣    6̣    -    |
小      娃     撑 小   艇，   偷 采   白 莲   回。

3      1      2 3    2    | 3 5    7 5    3    -    |
不      解     藏 踪   迹，   浮 萍   一 道   开。

3      6      3 3    6    | 3 2    1 7̣    6̣    -    |
小      娃     撑 小   艇，   偷 采   白 莲   回。

1 3    2 1    2         3 5   | 7      5      6    -    ‖
不 解   藏 踪   迹，     浮 萍   一      道      开。
```

范唱音频

伴奏音频

唱唱演演

演唱提示及注解：

1. 本首作品运用了民族乐器竹笛，竹笛是中国广为流传的吹奏乐器，一般由天然竹材制成，所以称之为竹笛。竹笛具有强烈的华夏民族特色，发音动情、婉转。
2. 本曲创作运用竹笛的音色特点，来描述一幅活泼可爱又热闹的场景。
3. 演唱时注意第一小节四度音程和同位置演唱技巧，清晰又轻巧并具有趣味性。
4. 在排练舞台节目时可加入舞台道具来展现作品所表达的意境和热闹场景。
5. 大声朗读歌词，按照一定的节奏进行，可分组。
6. 练习咬字吐字：撑、偷、藏、艇。
7. 发声技巧练习：跳音专项练习。

竹笛

音乐小知识

 小朋友，请把你们的小船开到不同的五线谱水田里吧！

 提示（1）

请在专业老师的指导下学习五线谱和五线谱的故事。

 提示（2）　　　　　**五线谱快速记忆口诀**

张开右手掌，手向外翻；

五个小手指，就是五条线；

四个手指间，就是四个间；

从下往上数，一二三四五；

音符上楼梯，越上音越高；

五线谱，五条线四条间

do—si，住里面。

23

音乐小游戏

 【节奏训练】

 【节奏组合训练】

游戏提示：

a.可分开单独节奏练习；

b.可节奏1开始，节奏2、3、4逐个加入；

c.可分组变化组合练习。

1. 小朋友，请你描一描、画一画荷花的形状，再涂上自己喜欢的颜色吧。

2. 小朋友，请写出与荷花相关联的四个词语，并说出其中的含义?

例图：

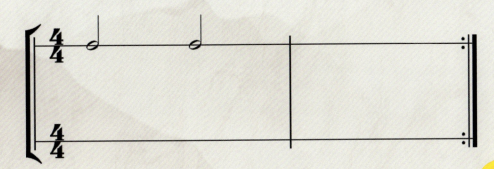

步步莲花

形容女子步态轻盈

3. 小朋友，请写出《池上》的节奏，用乐器演奏出自己喜欢的节奏，并填写到下面空白处。

25

悯农

小朋友，一粥一饭，来之不易，吃饭一定要光盘行动哦。节约用水，爱惜粮食，从我做起！

看看想想

小朋友来扫一扫二维码听听吧，听听农民伯伯劳动时候的声音吧。

26

悯农

〔唐〕李绅

锄禾日当午，汗滴禾下土。
谁知盘中餐，粒粒皆辛苦？

译文

盛夏中午，烈日炎炎，农民还在劳作，汗珠滴入泥土。

有谁想到，我们碗中的饭食，粒粒饱含着农民的血汗？

注释

悯：怜悯。这里有同情的意思。

禾：禾苗。日当午：太阳当头直晒的时候，指中午。

餐：饭。皆：都是。

悯农

〔唐〕李绅 词
刘东 曲

1=D 2/4

$\underline{\overset{4}{5}}$　$\underline{\overset{4}{5}}$　｜$\underline{3\ 2}$　1　｜$\underline{\dot{6}\ 1}$　$\underline{2\ 3}$　｜$\underline{\dot{5}}$　－｜

锄　禾　　日 当 午，　汗 滴 禾 下　土。

$\underline{\dot{6}\ 1}$　$\underline{2\ 3}$　｜5　$\underline{3\ 2}$｜1　$\overset{\frown}{\underline{2\ 3}}$　｜2　－｜

谁 知　盘 中　餐，　粒 粒　皆　辛　苦？

$\underline{\overset{4}{5}}$　$\underline{\overset{4}{5}}$　｜$\underline{3\ 2}$　1　｜$\underline{\dot{6}\ 1}$　$\underline{2\ 3}$　｜$\underline{\dot{5}}$　－｜

锄　禾　　日 当 午，　汗 滴 禾 下　土。

$\underline{\dot{6}\ 1}$　$\underline{2\ 3}$　｜5　$\underline{3\ 2}$｜1　$\overset{\frown}{\underline{2\ 3}}$　｜1　－：‖

谁 知　盘 中　餐，　粒 粒　皆　辛　苦？

‖：×　×　｜$\underline{×\ ×}$　×　｜$\underline{×\ ×}$　$\underline{×\ ×}$｜×　－｜

锄　禾　　日 当 午，　汗 滴 禾 下　土。

$\underline{×\ ×}$　$\underline{×\ ×}$｜×　$\underline{×\ ×}$｜×　×　｜×　－：‖

谁 知　盘 中　餐，　粒 粒　皆　辛　苦？

唱唱演演　演唱提示及注解：

范唱音频

伴奏音频

1. 笙是中国传统古老的吹奏乐器，它是世界上最早使用自由簧的乐器，发音清越、高雅，音质柔和，歌唱性强，具有民间色彩。
2. 本曲创作运用了笙独特的音色特点来描述农夫辛苦劳作的场景。
3. 演唱时注意声音的饱满性。
4. 可采用情境剧形式表演，运用道具来表现整个劳动的场景。
5. 大声朗读歌词，按照一定的节奏进行，可分组。
6. 发声技巧练习咬字吐字：锄禾、谁、餐。
7. 技巧练习：开口音和闭口音练习。

笙

音乐小知识

1. 小朋友，我们来根据音乐的分组分别耕种自己的田地。

低音区	中音区	高音区
1 2 3 4 5 6 7	1 2 3 4 5 6 7	1 2 3 4 5 6 7

低

中

高

提示：小朋友，我们来根据稻谷的生长周期来表现吧！

2. 请小朋友们把下列音归类填在麻袋的空白处。

1 2 3
4 5 6
7 i

高音区

中音区

低音区

小乐器合奏练习

提示（1）
根据悯农音乐作品，编创小乐器合奏。
提示（2）
节奏变化1-3进行自由组合。

拓展与创作

1. 小朋友，请仔细观察田间里的小动物，听一听它们的声音，请分别填写它们所发出声音的音区类别？

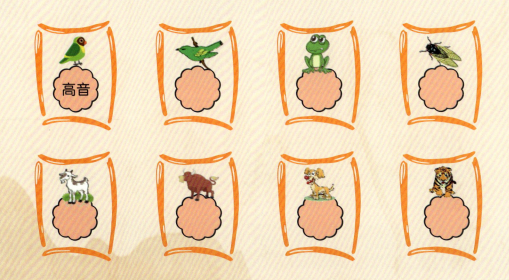

2. 小朋友，你能模仿几种小动物的声音呢？请跟着老师的引导进行声音模仿游戏训练吧！

寻隐者不遇

　　小朋友，你知道师父去哪了吗？隐者有没有遇见呢？贾岛的"推敲"故事，你知道吗？

看看想想

小朋友来扫一扫二维码听听吧！

寻隐者不遇

〔唐〕贾岛

松下问童子，言师采药去。
只在此山中，云深不知处。

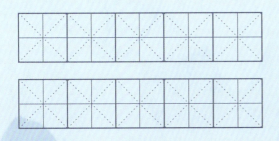

译文

　　松树下问年少的学童，他说师父出门采药去了，就在这座山里，但山高云深，不知他在什么地方。

注释

隐者：住在山林中不愿出来做官的人。

不遇：没有遇见，没有见到。

松下：松树下面。

童子：小孩，是这位师父的一个小徒弟。

言：说，回答。

只在：就在。

云深：云雾迷蒙。

不知处：不知道在什么地方。

33

寻隐者不遇

〔唐〕贾岛 词
刘东 曲

1=♭E 2/4

5　3　｜ 1 2 3 2 ｜ 1 3 2 3 ｜ 2 — ｜
松　下　　问 童 子，　言 师 采 药 去。

3　5　｜ 2 1 6 ｜ 5 6 6 5 ｜ 5 — ｜
只　在　　此 山 中，　云 深 不 知 处。

5　3　｜ 1 2 3 2 ｜ 1 3 2 3 ｜ 2 — ｜
松　下　　问 童 子，　言 师 采 药 去。

3　5　｜ 2 1 6 ｜ 5 6 1 2 ｜ 1 — :｜
只　在　　此 山 中，　云 深 不 知 处。

范唱音频

伴奏音频

看看想想

演唱提示及注解

1. 本首作品运用了民族乐器古筝，古筝又称汉筝、瑶筝、鸾筝，是中国汉民族传统乐器中的筝乐器，属于弹拨乐器。音色优美，音域宽广，演奏技巧丰富，按五声音阶排列，常用规格为二十一弦，具有较强的表现力。

2. 演唱时注意第二小节前八后十六的演唱技巧，轻巧并具连贯性。

3. 在排练舞台节目时可采用问答情境故事表演。

4. 大声朗读歌词，按照一定的节奏进行，可分组。

5. 发声技巧练习咬字吐字：松下、童子、不知处。

6. 呼吸技巧练习：强弱趣味练习。

古筝

音乐小知识

1. 小朋友，你们仔细观察曲谱中在1—7七个音符里，缺少哪两个音？

宫 d	商 r	角 m		徵 s	羽 L	

2. 什么是五声音阶？五声指的是什么呢？

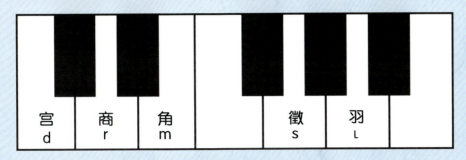

1 2 3 4 5 6 7
C D E F G A B

1 2 3 5 6
C D E G A
宫商角徵羽

3. 小朋友，让我们在老师的带领下玩"宫、商、角、徵、羽"的游戏吧！

土→宫
徵→火
金→商
羽→水
角→木

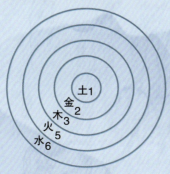

小乐器合奏

提示：在专业老师的指导下进行再次创作。

36

拓展与创作

1. 小朋友，老师扮演诗人，孩子们扮演童子，演一演情景对话。

诗人问（老师）→童子答（小朋友）

（师傅哪里去了）→采药去

（哪里采药去了）→此山中

（在山里的何处）→不知处

2. 在简谱中，写出空白框中五声音阶的名称。

$$1=\flat E \frac{2}{4}$$

| 5 | 3 | $\underline{123}$ | 2 | $\underline{1\dot6}$ | $\underline{13}$ | 2 — |
| ( ) | | | ( ) | ( ) | | |

| 3 | 5 | $\underline{21}$ | $\dot6$ | $\underline{56}$ | $\underline{65}$ | 5 — |
| ( ) | | ( ) | | ( ) | | |

赋得古原草送别

小朋友，春夏秋冬、四季轮回、生生不息、野火烧不尽，春风吹又生。每粒种子都需要经历风吹雨打，才能开花结果，在生生不息的生命里，在三月又一次昂起了坚强的头。

看看想想

小朋友来扫一扫二维码听听吧！

赋得古原草送别

〔唐〕白居易

离离原上草，一岁一枯荣。

野火烧不尽，春风吹又生。

远芳侵古道，晴翠接荒城。

又送王孙去，萋萋满别情。

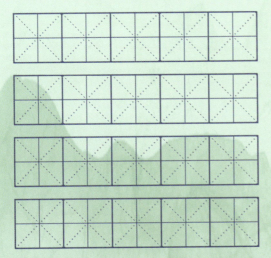
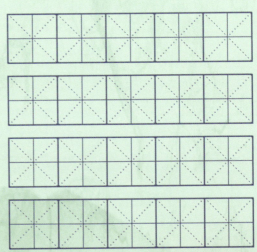

译文 辽阔远野的草是多么茂盛，每年秋冬枯黄春来草色浓。
无情的野火只能烧掉干叶，春风吹来大地又是绿油油。
野草野花蔓延着淹没古道，艳阳下草地尽头连着荒城。
我又一次送走知心的好友，茂密的青草代表我的深情。

送别

注释

赋得：借古人句或成语命题作诗。诗题前一般都冠以"赋得"二字。
　这是古代人学习作诗或文人聚会分题作诗或科举考试时命题作诗的一种方式，称为"赋得体"。
离离：青草茂盛的样子。
一岁一枯荣：枯，枯萎。荣，茂盛。野草每年都会茂盛一次，枯萎一次。
晴翠：草原明丽翠绿。
王孙：本指贵族后代，此指远方的友人。
萋萋：形容草木长得茂盛的样子。

赋得古原草送别

《唐》白居易 词
刘东 曲

1=D 4/4

```
1 5 1 2 2  -  | 1 7 1 6 5  -  | 6 7 1 6 5  3 | 5 3 5 1 2  -  |
离 离 原 上 草，     一 岁 一 枯 荣。     野 火 烧 不 尽，     春 风 吹 又 生。

1 5 1 2 2  -  | 1 7 1 6 5  -  | 6  1  2 5 3 | 5  0 3 2  2 3 |
远 芳 侵 古 道，     晴 翠 接 荒 城。     又 送 王 孙 去，  萋 萋 满 别

1  -  -  -  | 6.  5 3  5 6 | 5  -  -  - | 1.  6 1  2 3 |
情。            离   离 原 上 草，    一     岁 一 枯

2  -  -  -  | 6.  7 1  6 | 5  -  3  - | 6 0 0 5 6  3 |
荣。            野   火 烧 不 尽，    春   风 吹 又

5  -  -  -  | 1 5 1 2 2  -  | 1 7 1 6 5  -  | 6  1  2 5 3 |
生。            远 芳 侵 古 道，     晴 翠 接 荒 城。     又 送 王 孙 去，

5  0 3 2  2 3 | 1  -  -  - ‖
萋 萋 满 别     情。
```

范唱音频

伴奏音频

唱唱演演

演唱提示及注解

1. 本首作品运用了民族乐器扬琴，扬琴又称洋琴，打琴是一种击弦乐器，音色刚柔并济，慢奏时音色如叮咚的山泉，快奏时音色又如潺潺流水。
2. 演唱时注意休止符的声断气不断的演唱技巧，注意闭口音的咬字。
3. 作品呈现可用二声部卡农进行。
4. 大声朗读歌词，按照一定的节奏进行，可分组。
5. 发声技巧练习咬字吐字：离离、荒城、荣、情。
6. 呼吸技巧练习：休止符的趣味练习。

扬琴

40

音乐·小·知识

 请小朋友一起来做"静止的休止符"游戏吧，请跟着音乐《兔子舞》拿着手中卡片来做捉迷藏游戏。

0	3	7	2	1
0	4	5	6	

提示（1）

　　各位小朋友手里分别拿不同的音符卡片，跟着音乐转圈行走，音乐片段中休止时，手中拿休止符卡片的小朋友出列在圆圈中间，依次进行。

提示（2）

专业教师讲解休止符家族的小成员。

声势训练

 声势训练（一）

口念

 声势训练（二）   卡农二声部创作练习

口念

提示：可在原节奏上进行卡农二声部训练。

拓展与创作

小朋友，在老师的专业引导下，请你将音符填在表的空白处。

教室
楼道里

上课间

放学后

提示：

    根据教室楼道里、上课间、放学后，不同场景的特点，写出"热闹、安静、喧闹"的感觉，运用我们所学的休止符。

江南

　　中国人所说的水乡一般是指"江南水乡"，江南是一个人杰地灵、山青水秀的地方，地理位置位于长江之南，代表器物有陶瓷、乌篷船、紫砂壶、油纸伞、宣纸、花炮、傩戏。

看看想想

小朋友来扫一扫二维码听听吧！

江南

〔唐〕汉乐府

江南可采莲，莲叶何田田，鱼戏莲叶间。
鱼戏莲叶东，鱼戏莲叶西，
鱼戏莲叶南，鱼戏莲叶北。

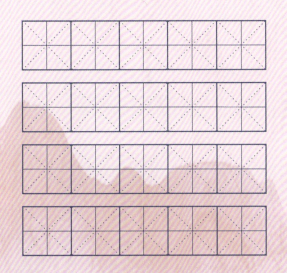

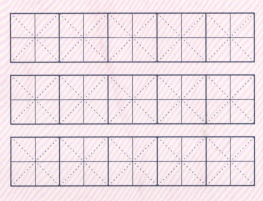

译文

　　江南又到了适宜采莲的季节了，莲叶浮出水面，挨挨挤挤，重重叠叠，迎风招展。在茂密如盖的荷叶下面，欢快的鱼儿在不停的嬉戏玩耍。一会儿在这儿，一会儿又忽然游到了那儿，说不清究竟是在东边，还是在西边，是在南边，还是在北边。

注释

汉乐府：原是汉初采诗制乐的官署，后来又专指汉代的乐府诗。汉惠帝时，有乐府令一官，可能当时已设有乐府。武帝时乐府规模扩大，成为一个专设的官署，掌管郊祀、巡行、朝会、宴飨时的音乐，兼管采集民间歌谣，以供统治者观风察俗，了解民情厚薄。这些采集来的歌谣和其他经乐府配曲入乐的诗歌即被后人称为乐府诗。

可：在这里有适宜、正好的意思。

田田：荷叶茂盛的样子。

江南

1=D 4/4

汉乐府 词
刘东 曲

5　3̂5 3̂5 2 | ²3̂ - 0 0 | 1. 2̂3 2̂3 | 1 - 0 0 |
江 南 可 采 莲，　　 莲 叶 何 田 田，

1. 2̂3 0 0 | 2̂3 1̂7̣ 6̣ 0 | 3̂5 1̂7̣ 6̣1̣5̣ | 6̣ - - 0 :‖
鱼 戏 莲 叶 间。　 鱼 戏 莲 叶 间。

X X X X X 0 | X X X X X 0 | X X X X X X |
鱼 戏 莲 叶 东，　 鱼 戏 莲 叶 西，　 鱼 戏 莲 叶 南 呀，

X X X X X 0 | X X X X X 0 | X X X X X 0 |
鱼 戏 莲 叶 北。　 鱼 戏 莲 叶 东，　 鱼 戏 莲 叶 西，

X X X X X X | 3̂5 1̂7̣ 6̣1̣5̣ | 6̣ - - 0 ‖
鱼 戏 莲 叶 南 呀，　 鱼 戏 莲 叶 北。

D.C.

看看想想

三弦

演唱提示及注解

1.本首作品运用了民族乐器三弦，三弦又称弦子，属于弹拨乐器，普遍用于民族乐器、戏曲音乐、说唱音乐。

2.本曲江南属汉乐府民歌，运用了休止和说唱的创作手法来表现热闹景象。

3.演唱时注意休止音的处理，声断气不断的演唱技巧，说唱部分运用嬉戏俏皮的声音来突出采莲的欢乐场面。

4.在舞台节目排练时可加入轮唱伴唱和实景道具。

5.大声朗读歌词，按照音诗节奏进行，可分组。

6.技巧练习咬字吐字：采莲、鱼戏、田田。

7.技巧练习：断音专项练习。

范唱音频　　伴奏音频

46

音乐小知识

小朋友，让我们跟着老师一起来学一学吧。

Do   Re   Mi   Fa   Sol   La   Ti

（1）柯尔文手势。

Do

Sol

Re

La

Mi

Ti

Fa

Do

（2）找朋友。

2/4	<u>SL</u> <u>SL</u>	<u>SL</u> S	<u>SL</u> <u>SL</u>	<u>SL</u> <u>SL</u>	<u>ss</u> m
	找呀 找呀	找朋 友	找到 一个	好朋 友	握握 手

<u>ss</u> m	<u>ss</u> m	<u>ss</u> m	<u>SL</u> <u>SL</u>	<u>ss</u> m
敬个 礼	鞠个 躬	笑嘻 嘻	我们 一起	做游 戏

声势训练及小乐器合奏

聆听《江南》乐曲，请在老师的指导下进行练习。

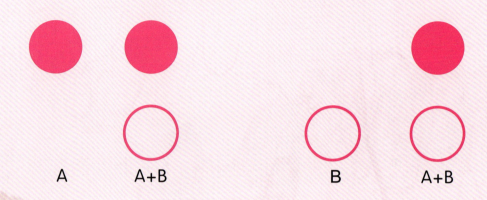

A   A+B   B   A+B

身体组合练习

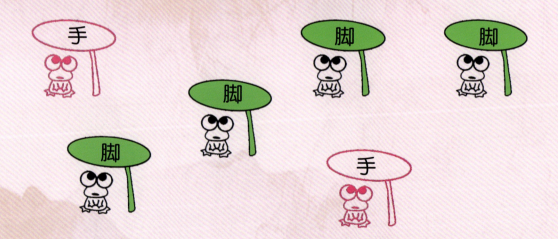

注：按照上面图片，老师在播放不同乐句时，可让学生即兴表演身体组合练习。

拓展与创作

1. 小朋友，请将下面的字母简谱唱出来。

$\frac{2}{4}$ l | s͡l | l | s͡l | l - | l - | l s͡l |

l | s͡l | m - | m - | m m͡s | l | l |

l | s͡l | m m | m m͡s | l s͡l | m - | m - ‖

2. 请和你的小伙伴一起完成下列作业吧！

A、$\frac{2}{4}$ s | s͡l | s | s͡l | s | m | s | s͡l ‖

B、$\frac{2}{4}$ s | m | s͡s m | s͡l m͡m | l͡r d ‖

C、$\frac{2}{4}$ s͡l s | l͡s m | l͡s m m | l͡s m ‖

D、$\frac{2}{4}$ s | m͡r s | m͡r s | o | m͡r o ‖

注：按谱子唱合，并在老师指导下填词。

静夜思

小朋友喜欢猜谜语吗?

有时落在山腰? 有时挂在树梢? 有时像片圆镜? 有时像把镰刀?

小朋友, 你们能猜出来吗?

看看想想

小朋友来扫一扫二维码听听吧!

静夜思

〔唐〕李白

床前明月光，疑是地上霜。
举头望明月，低头思故乡。

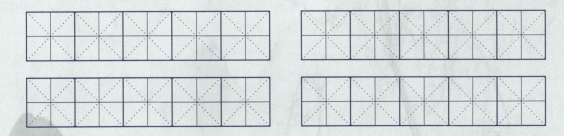

译文

　　明亮的月光洒在窗户纸上，好像地上泛起了一层霜。我禁不住抬起头来，看那窗外天空中的一轮明月，不由得低头沉思，想起远方的家乡。

注释

静夜思：安静的夜晚产生的思绪。

疑：好像。

举头：抬头。

51

静夜思

〔唐〕李白 词
刘东 曲

1=D 4/4

2̆3 2 | 1. 5̱ | 3 - - - | 5̆6 5 3. 1̱ | 2 - - - |
床 前 明 月 光， 疑 是 地 上 霜。

5̱ 6̱ 1 3 | 2. 1̱ 6̱ - | 3 2 2. 1̱ | 5 - - - |
举 头 望 明 月。 低 头 思 故 乡。

5̆6 5 3. 1̱ | 5 - - - | 5̆6 5 3. 1̱ | 2 - - - |
床 前 明 月 光， 疑 是 地 上 霜。

间奏略

5̱ 6̱ 1 3 | 2. 1̱ 6̱ - | 3 2 2. 6̱ | 1 - - - |
举 头 望 明 月， 低 头 思 故 乡。

‖: 5̆6 5 3. 1̱ | 5 - - - | 5̆6 5 3. 1̱ | 2 - - - |
床 前 明 月 光， 疑 是 地 上 霜。

5̱ 6̱ 1 3 | 2. 1̱ 6̱ - | 3 2 2. 6̱ | 1 - - - :‖
举 头 望 明 月， 低 头 思 故 乡。

结束句

5̱ 6̱ 1 3 | 2. 1̱ 6̱ - | 3 2 2̂. 6̱ | 1 - - - ‖
举 头 望 明 月， 低 头 思 故 乡。

演唱提示及注解 演演唱唱

1. 本首作品运用了民族乐器南萧。
2. 本曲创作运用了南萧的幽深、凄悲、低沉的音色特点来描述作者思念自己的家人和故乡的情感。
3. 演唱时注意第一小节装饰音的演唱技巧，轻巧并具有弹性。
4. 乐曲可朗诵、独唱、合唱等多种表现形式呈现。
5. 大声朗读歌词，按照一定的节奏进行，可分组。
6. 技巧练习咬字吐字：举、月、望、思。
7. 技巧练习：气息保持及延展统一专项练习。

范唱音频

伴奏音频

南萧

音乐小知识

1. 小朋友，你会让音符荡秋千吗？在老师的指导下一起学一学吧，连音线之圆滑线。

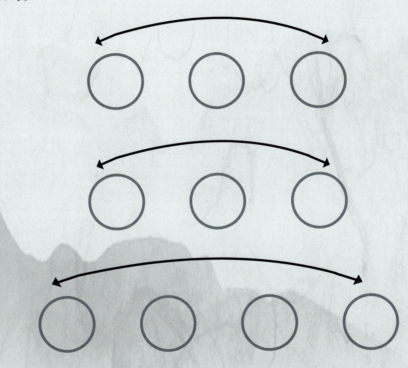

2. 请将下面空白框处画出连音线。

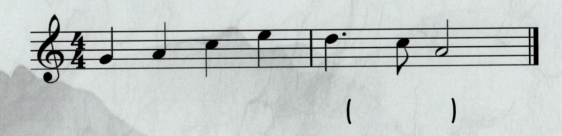

（　　）　　（　　）

小球传递游戏

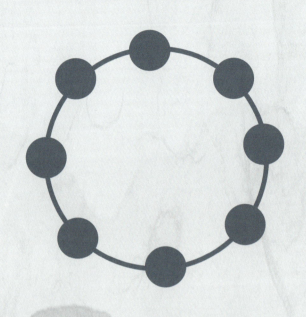

拿起来 放下去　拿起来呀放下去

右手转　左手转　左手右手一起转

游戏规则说明:

　　游戏参与者围成圆圈，每个人手拿一个小球坐好，小球放在右手手心，右手拿着球随着节拍向右传递，在重复第二遍时，将小球放在右手手心，用右手拿球向左传递。

拓展与创作

1. 小朋友，画出你心中的月亮，描绘阴晴圆缺不同形状。

2. 小朋友，请根据内容创作出你自己的五线谱旋律。

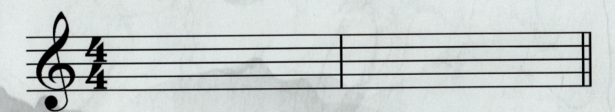

月亮升起时   月亮降落时

画

　　小朋友，仔细观察画这首诗里小鸟、小溪有没有声音呢？你们能不能也画一幅有山、有水、有鸟、有小溪的画呢？

看看想想

小朋友来扫一扫二维码听听吧！

56

画

〔唐〕王维

远看山有色，近听水无声。
春去花还在，人来鸟不惊。

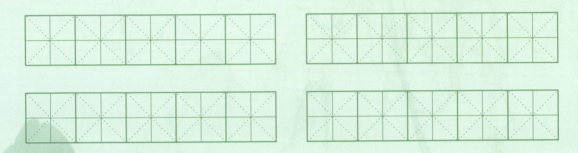

译文

远看高山色彩明亮，走近一听水却没有声音。
春天过去，可是依旧有许多花草争奇斗艳，人走近，可是鸟却依然没有被惊动。

注释

色：颜色，也有景色之意。
惊：吃惊，害怕。

画

〔唐〕王维 词
刘东 曲

1=A 3/4

3 - 5 | 1 - 7̱1̱ | 5̇ - - | 5̇ - - | 4 - 5 | 6 - 5̱6̱ |
远　看　山　有　色，　　　　　　　近　听　水　无

2̣ - - | 2̇ - - | 3̣ - 5̣ | 1 - ♭7 | 6̣ - - | 6̣ - - |
声。　　　　春　去　花　还　在，

1.
5̣ - 6̣ | 7̣ - 1 | 2 - - | 2 - 0 :‖ **2.** 5̣ - 6̣ | 7̣ - 6̱7̱ |
人　来　鸟　不　惊。　　　　　　人　来　鸟　不

1 - - | 1 - - | 5̱6̱5̱3̱ 5̱6̱5̱3̱ | 2 - - | 2̇ - - |
惊。　　　　　　远　看　山　有　色，

4̱5̱4̱1̱ 4̱5̱4̱1̱ | 7̣ - - | 7̣ - - | 3̣ - 5̣ | 1 - ♭7 |
近　听　水　无　声。　　　　春　去　花　还

6̣ - - | 6̣ - - | 5̣ - 3̣ | 2 - 6̱7̱ | 1 - - | 1 - 0 ‖
在，　　　　　　人　来　鸟　不　惊。

演唱　演唱提示及注解

1. 注意强弱关系的演唱技巧，突出 3/4 拍节奏特点。
2. 大声朗读歌词，按照一定的节奏进行，可分组。
3. 练习咬字吐字：色、声、惊。
4. 技巧练习：强弱关系及流动性的趣味练习

58

范唱音频

伴奏音频

音乐小知识

1. 下列旋律中能加同音连线的地方共有几处？请将它划出来。

2. 小朋友，请你在五线谱上写下你想写的字母简谱并唱出来。

(   )

提示：在专业老师的指导下，可进行轮唱练习，并强调弱起小节和完全小节的区别。

59

音乐小·游戏

有声无声游戏训练

游戏规则说明：

游戏参与者围成圆圈，每个人手里拿着不同的道具（沙巾、响板和雨声器），请在能发出声音"字"的位置上，根据老师的口令发出不同的节奏，可顺时针或者逆时针队列进行游戏。

提示：在专业老师的指导下进行。

拓展与创作

1. 小朋友，请描绘出《画》这首诗中的山、水、鸟、花等景色，按照诗句中所出现的顺序画出层次感。

2. 小朋友，请把你认为诗句中能发出声音的字，在五线谱填上你想填的音高。

远看山有色　　　　　近听水无声

春去花还在　　　　　人来鸟不惊

61

一去二三里

1=F 4/4

〔宋〕邵康节 词
章文文 曲

3. 1 5 3 2 2 | 6. 1 5 1 2 — |
一 去 二 三 里 呀， 烟 村 四 五 家。

6 1 5. 5 3 | 3. 1 5 6 1 — |
亭 台 六 七 座， 八 九 十 枝 花。

3. 1 5 3 2 2 | 6. 1 5 1 2 — |
一 去 二 三 里 呀， 烟 村 四 五 家。

6 1 5. 5 3 | 3. 1 5 6 1 — |
亭 台 六 七 座， 八 九 十 枝 花。

3. 1 5 6 | 1 — — — ‖
八 九 十 枝 花。

演演唱唱　演唱提示及注解

1. 本曲创作具有乡村的特点，呈现出乡村悠闲的生活场景。
2. 演唱时注意明快、富有弹性，表现力强，场面活跃起来。
3. 在作品演绎时可加入道具和不同队形排列。
4. 大声朗读歌词，按照一定的节奏进行，可分组。
5. 发声技巧练习咬字吐字：望、烟村、亭台、十支花。
6. 技巧练习：音程大跨度练习。

范唱音频

伴奏音频

音乐小知识

1. 小朋友，跟着老师挥起你的小指挥棒吧！

$\frac{2}{4}$　　$\frac{3}{4}$　　$\frac{4}{4}$

2. 在专业老师的指导下进行 $\frac{2}{4}$、$\frac{3}{4}$、$\frac{4}{4}$ 拍的练习。

弯　弯　腰　造座桥　鸟儿飞来歇歇脚　　蜗牛桥下慢慢跑

老鼠见了快快跑　　不　是　桥　不是桥　那是一只大花猫

杯子舞打奏和小乐器合奏

小宝贝

$$1=D \frac{2}{4}$$

小宝贝

注：请在专业老师的指导下，学习杯子舞的打法。

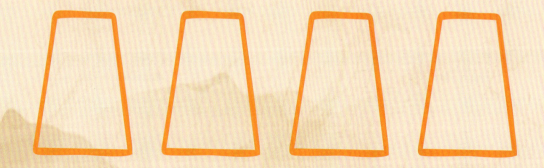

拓展与创作

1. 请描绘你去过的乡野风景、田园一角。

2. 在专业老师的指导下用字母简谱创作小儿歌并加小乐器演唱。

(   )

枫桥夜泊

小朋友，你们知道诗中所说的姑苏是指今天的哪个城市吗？

看看想想

小朋友来扫一扫二维码吧！

68

枫桥夜泊

〔唐〕张继

月落乌啼霜满天，江枫渔火对愁眠。
姑苏城外寒山寺，夜半钟声到客船。

译文

　　月亮已落下乌鸦啼叫寒气满天，对着江边枫树和渔火忧愁而眠。姑苏城外那寂寞清静寒山古寺，半夜里敲钟的声音传到了客船。

注释

枫桥：在今苏州市阊门外。

夜泊：夜间把船停靠在岸边。

乌啼：一说为乌鸦啼鸣，一说为乌啼镇。

霜满天：霜，不可能满天，这个"霜"字应当体会作严寒；霜满天，是空气极冷的形象语。

渔火：通常解释，"鱼火"就是渔船上的灯火；

对愁眠：伴愁眠之意，此句把江枫和渔火二词拟人化。

姑苏：苏州的别称，因城西南有姑苏山而得名。

寒山寺：在枫桥附近，始建于南朝梁代。

69

枫桥夜泊

〔唐〕张继 词
刘东 曲

1=C 4/4

3 1 7̇ 6̇ 3 #4 2 | 3 — — — | 3 6 5̇ #4 3 2 1 | 2 — — — |
月落乌 啼 霜满 天，　　　　　江枫渔 火 对愁 眠。

6̇ 1 2 3 2 #4 2 | 3 — — — | 6̇ 1 2 3 2 7̣ 5̣ | 6̣ — — — |
姑苏城 外 寒山 寺，　　　夜半钟 声 到客 船。

3 1̇ 7̇ 1̇ 6̇ 7̣ 5̣ | 6̣ — — — | 3 6 5̇ 6̇ 3 #4 2 | 3 — — — |
月落乌 啼 霜满 天，　　　江枫渔 火 对愁 眠。

6̇ 1 2 3 2 #4 2 | 3 — — — | 6̇ 1 2 3 2 7̣ 5̣ | 6̣ — — — ‖
姑苏城 外 寒山 寺，　　　夜半钟 声 到客 船。

范唱音频

伴奏音频

演演唱唱

演唱提示及注解

1. 本曲创作运用了古琴这一中国传统民族乐器，用古琴的深沉和悠远来衬托诗人的"愁"。
2. 演唱时需加强气息的支持及延伸性，做到声音的画面感。
3. 在作品演绎时可加入道具来表现此曲的忧愁。
4. 大声朗读歌词，按照一定的节奏进行，可分组。
5. 发声技巧练习咬字吐字：霜满天、对愁眠、钟声。
6. 技巧练习：乐句的连贯流畅训练。

古琴

音乐小知识

1. 升音记号、降音记号和还原记号。

（1）升音记号 我是小兔子，升了半个音，请记住我的位置哦！

（2）降音记号 我是小花牛，降了半个音，请记住我的位置哦！

（3）还原记号 我是小花猫，还原了半个音，请记住我的位置哦！

2. 请在老师的指导下，用正确写法书写"♯""♭""♮"。

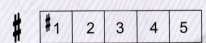

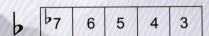

71

小乐器合奏

　　小朋友欣赏巴赫十二平均律，跟着音乐一起来做合奏吧，巴赫十二平均律 0X10　1 in c major 。

提示：在专业老师的指导下进行小乐器演奏。

拓展与创作

1. 听一听、写一写，聆听老师弹奏的两个音，分析哪一个音是升音或降音？

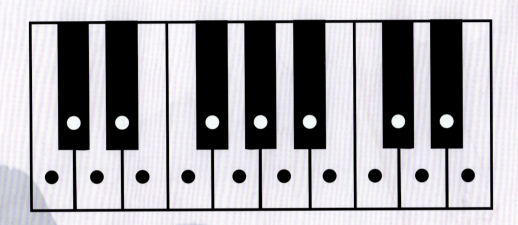

　　提示：圆圈可用同一色系不同颜色来填充。

2. 小朋友，打开我们《枫桥夜泊》的谱子，哪几个音是升了呢，用圆圈画出来。

1 2 3 4 5 6 7

节奏练习

练习时节奏谱用口念"da"，右手指尖在桌面上轻轻地击拍。

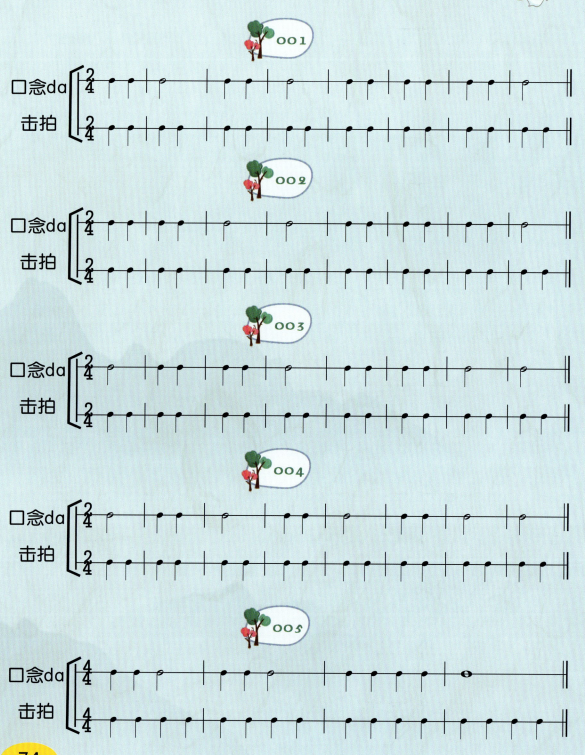

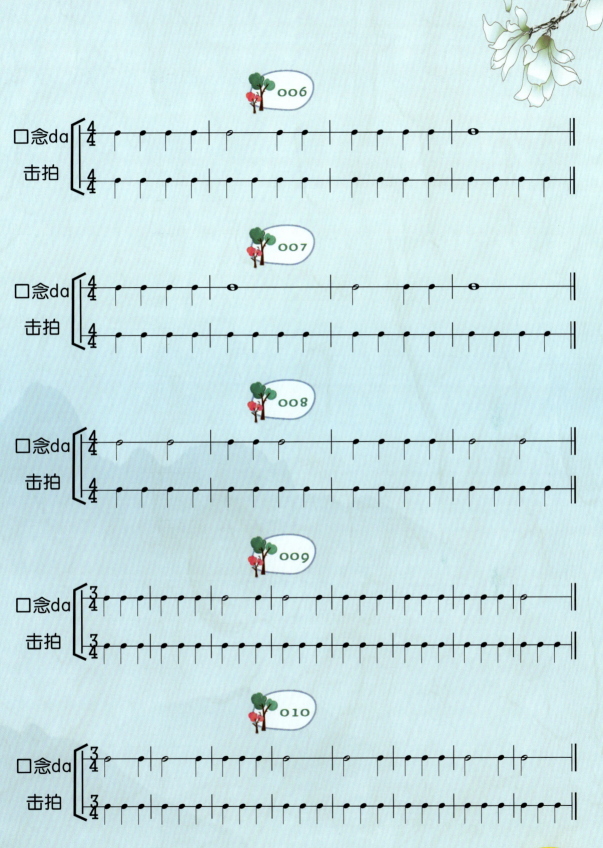

视唱曲谱

诗词有音乐（三）

⊙ 槿 岚 著

北京交通大学出版社
·北京·

图书在版编目（CIP）数据

诗词有音乐．（三）/槿岚著．—北京：北京交
通大学出版社，2019.10
　　ISBN 978-7-5121-4068-4

　　Ⅰ．①诗…　Ⅱ．①槿…　Ⅲ．①古典诗歌—中国—学前
教育—教学参考资料 ②音乐课—学前教育—教学参考资料
Ⅳ．①G613

　　中国版本图书馆 CIP 数据核字（2019）第 201306 号

诗词有音乐（三）
SHICI　YOU　YINYUE（SAN）

策划编辑：王小琴　　　责任编辑：王　忱
出版发行：北京交通大学出版社　　　电话：010-51686414　　http://www.bjtup.com.cn
地　　址：北京市海淀区高梁桥斜街44号　　　邮编：100044
印 刷 者：艺堂印刷（天津）有限公司
经　　销：全国新华书店
开　　本：185 mm x 260 mm　　　印张：4.75　　字数：118千字
版　　次：2019年10月第1版　　　2019年10月第1次印刷
书　　号：ISBN 978-7-5121-4068-4 / G·1902
印　　数：1~2000册　　　定价：396.00元（全四册）

本书如有质量问题，请向北京交通大学出版社质监组反映。对您的意见和批评，我们表示欢迎和感谢。
投诉电话：010-51686043，51686008；传真：010-62225406；E-mail：press@bjtu.edu.cn。

序言

在《诗词有音乐》里，你会陪伴孩子聆听一首小诗，或者哼唱一段诗意的旋律，来读懂诗人的内心。作为一段创意之旅，这或许是一种陪伴、一种感动、一种成长，也或许是一种爱。

"腹有诗书气自华"，我们深知诗词赋予我们的精神食粮；音乐带给我们无穷的魅力，不仅能让孩子收获渊博的知识、感知古人的智慧，从而成为自信、善良、有骨气、坚强的人。

《诗词有音乐》是一套能让小朋友学以致用的匠心之作，通过将诗词唱成歌、跳成舞、演成剧，带孩子做游戏，给孩子讲故事，聆听一段音乐，创作一幅创意画，引导孩子以拓展和创作的方式全方位、多角度训练孩子的思维能力、观察能力和动手能力，培养孩子的情商和音乐艺术修养。

本套书从诗词出发，引导孩子学习各种音乐知识，具有以点带面、可线上线下互动学习、扫码即听等特点，内容通俗易懂，将知识娓娓道来。编写这套《诗词有音乐》，我们希望每位孩子都能成为一位懂音乐、有才情的人！

——槿岚

序言

(1) 扫码下载加阅APP。　　(2) 打开加阅APP，扫描此二维码，添加到我的书架，依次点开三个文件夹。

下载加阅APP

诗词有音乐（三）

(3) 学习时进入本册，从我的书架中点击扫描，扫描相应的二维码读取。

目 录

第一课 咏柳 ·································· 1

第二课 村居 ·································· 7

第三课 绝句 ·································· 13

第四课 小儿垂钓 ·························· 19

第五课 望庐山瀑布 ······················ 25

第六课 夜宿山寺 ·························· 31

第七课 登鹳雀楼 ·························· 37

第八课 舟夜书所见 ······················ 43

第九课 敕勒歌 ···························· 49

第十课 晓出净慈寺送林子方 ············ 55

第十一课 梅花 ···························· 61

第十二课 江雪 ···························· 67

咏柳

  小朋友，春天到了，细嫩的柳叶也发芽了，诗人的世界充满了奇幻的故事，阳光、雨水、风在他们眼中，都是拥有生命的朋友。听！故事讲了些什么呢？

看看想想

小朋友来扫一扫二维码听听吧！

咏柳

〔唐〕贺知章

碧玉妆成一树高，万条垂下绿丝绦。
不知细叶谁裁出，二月春风似剪刀。

译文

高高的柳树长满了翠绿的新叶，轻垂的柳条像千万条轻轻飘动的绿色丝带。
不知道这细细的柳叶是谁裁剪出来的，就是二月的春风，如同神奇的剪刀。

注释

碧玉：碧绿色的玉。这里用以比喻春天嫩绿的柳叶。

妆：装饰，打扮。

绦（tāo）：用丝编成的绳带。这里指像丝带一样的柳条。

裁：裁剪。

似：如同，好像。

咏柳

〔唐〕贺知章 词
刘东 曲

1=F 2/4

3. 2 1. 7 | 1　5 | 6　-　| 0　0 |
碧 玉 妆 成 一　树　高，

2. 1 7. 6 | 7　1 | 2　-　| 0　0 |
万 条 垂 下 绿　丝　绦。

3. 5 6. 7 | 6　5 | 3　-　| 3　0 |
不 知 细 叶 谁　栽　出，

2. 1 3. 2 | 7　5 | 6　-　| 6　0 ‖
二 月 春 风 似　剪　刀。

范唱音频

伴奏音频

唱唱演演

 提示：

1. 此曲演唱时注意标有附点音符的节奏。
2. 注意"妆成""丝绦""裁出""剪刀"的咬字及发音。
3. 作品可采用合唱、轮唱、独唱等多种形式进行展现。
4. 发声技巧练习：可运用附点节奏技巧进行学习训练。

音乐小·知识

1. 小朋友，你们知道古琴是用哪一种记谱法吗？并说出有哪些乐器用的是下列另外两种记谱法？

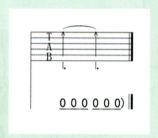

2. 请看图思考问题：《月光下的凤尾竹》描绘的是我国哪个省的音乐呢？

> 请思考
>
> （1）你们能说出在云南常用的乐器吗？
> （2）请举例说明常用乐器的代表作？
> （3）此曲具有什么音乐特点？

4

拓展与创作

1. 听觉训练。

听音说出五音名称，在专业老师的指导下，说出"宫、商、角、徵、羽"的名称。

宫	商	角	徵	羽
1	2	3	5	6

2. 模唱训练。

(1) $\frac{2}{4}$ 1 1 1 1 | 1 0 ‖   (2) $\frac{2}{4}$ 1 1 3 3 | 1 0 ‖

(3) $\frac{2}{4}$ 1 1 2 2 | 3 3 1 ‖   (4) $\frac{2}{4}$ 1 1 2 3 | 1 2 1 ‖

3. 思考与创作。

请在专业老师的指导下，在（　　　）内填上你认为应该出现的音符，可以加入自己的想法再创编。

1=C $\frac{3}{4}$

1 1 2 3 3 | 3 1 2 3 3 | 5 1（　）3 3 | 3 6 1 2 2 | 3 0 0 0 6 |

1 1 2 3 3 3 | 5 1 2 3 3 | 5 3（　）6 6 | 5　1 3 2 1 | 1 − − ‖

5

小乐器合奏练习

 提示：在专业老师的指导下进行再次创作。

村居

放风筝

小朋友，你们知道这首《村居》出自哪个地方吗？是谁写的？有怎么样的故事呢？

看看想想

 小朋友来扫一扫二维码听听吧！

村居

〔清〕高鼎

草长莺飞二月天，拂堤杨柳醉春烟。
儿童散学归来早，忙趁东风放纸鸢。

译文

草木生长、鸟儿飞舞的阳春二月时节，轻拂堤岸的杨柳沉醉在烟雾般的水汽之中。村里的孩子们放学回家时天色还早，赶紧趁着东风让风筝飞上蓝天。

注释

村居：居住在乡村里。

拂堤杨柳：扬柳枝条很长垂下来，微微摆动，像是在抚摸堤岸。

醉：迷醉，陶醉。

春烟：春天水泽、草木间蒸发形成的烟雾般的水汽。

散学：放学。

纸鸢：泛指风筝，它是一种纸做的形状像老鹰的风筝。鸢：老鹰。

村居

〔清〕高鼎 词
刘东 曲

1=C 4/4

5 6 3 5. 5 | 3 2 1 2 3 - | 5 6 5 3. 1 | 2 2 3 2 - |
草 长 莺 飞 二 月 天， 拂 堤 杨 柳 醉 春 烟。

1 2 1 5. 3 | 2 2 3 6. - | 2 3 2 5. 3 | 2 2 6. 1 - :‖
儿 童 散 学 归 来 早， 忙 趁 东 风 放 纸 鸢。

范唱音频

伴奏音频

提示：

唱唱演演

1. 演唱时注意"飞""风""柳"的咬字及节奏。

2. 作品可采用独唱、轮唱、合唱等多种形式进行展现。

3. 注意"天"的咬字，"鸢"的收音。

4. 发声技巧练习：可运用附点延展性技巧学习训练。

音乐小·知识

1. 小朋友，请在老师的指导下学习"音列"与"音级"的特点和区别？

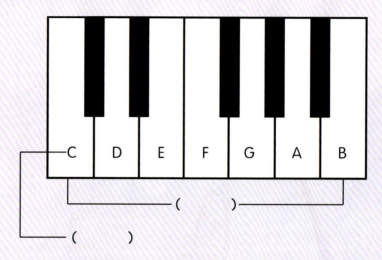

C D E F G A B

( )

( )

2. 请看图思考问题：《信天游》是我国哪个省的音乐作品呢？

请思考
（1）你们能说出"劳动号子""信天游""小调"是哪个地区的传统民歌吗？
（2）此类传统民歌有什么共同点？
（3）此地区的代表乐器是什么？

拓展与创作

1. 听觉训练。

听辨单音，并将听到的音写在下列旋律中。

(1) $\frac{2}{4}$ 1 （ ） ｜ 3 （ ） ｜ 5 （ ） ‖

(2) $\frac{2}{4}$ 5 （ ） ｜ 3 （ ） ｜ 2 （ ） ‖

2. 模唱训练。

(1) $\frac{2}{4}$ 1 2 3 4 ｜ 5 0 ‖   (2) $\frac{2}{4}$ 5 4 3 2 ｜ 1 - ‖

(3) $\frac{2}{4}$ 1 3 4 2 ｜ 3 0 ‖   (4) $\frac{2}{4}$ 4 2 3 5 ｜ 1 - ‖

3. 思考与创作。

请在专业老师的指导下，在（　　　）内填上你认为应该出现的音符，可以加入自己的想法再创编。

1=♭B $\frac{2}{4}$

5 3 2 ｜ 2 0 ｜ 5 ♯4 5 ｜ 6 0 ｜

2· 2 ｜ 2 6 7 ｜ （ ） 5 3 ｜ 3 0 ‖

小乐器合奏练习

 提示：在专业老师的指导下进行再次创作。

绝句

小朋友，你见过黄鹂鸟吗？扫码聆听十种会唱歌的鸟的声音，你能说出它们的名字吗？

看看想想

 小朋友来扫一扫二维码听听吧！

13

绝句

〔唐〕杜甫

两个黄鹂鸣翠柳，一行白鹭上青天。
窗含西岭千秋雪，门泊东吴万里船。

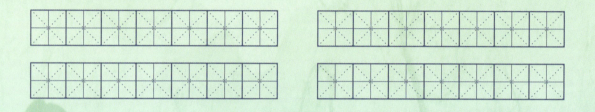

译文

两只黄鹂在翠绿的柳树间婉转地歌唱，一队整齐的白鹭直冲向蔚蓝的天空。
我坐在窗前，可以望见西岭上堆积着终年不化的积雪，门前停泊着自万里外的东吴而
来的船只。

注释

西岭：西岭雪山。

千秋雪：指西岭雪山上千年不化的积雪。

泊：停泊。

东吴：吴国的领地，今江苏省一带。

万里船：不远万里开来的船只。

绝句

〔唐〕杜甫 词
刘东 曲

1=D $\frac{4}{4}$

0 5 5 5̇ 5̇ | 1 1 2 3 | 0 5 6 5 3 | 2 1 2 6̇ |

两个黄鹂鸣翠柳， 一行白鹭上青天。

0 5̇ 6̇ 1 2 | 3 5 6 5 3 3 | 5 3 2 1 1 2· 2 |

窗含西岭千秋雪，门泊 东吴 万里 船

0 5 5 5̇ 5̇ | 1 1 2 3 | 0 5 6 5 3 | 2 1 2 6̇ |

两个黄鹂鸣翠柳， 一行白鹭上青天。

0 5̇ 6̇ 1 2 | 3 5 6 5 3 3 | 5 3 2 1 6̇ 1· 1 ‖

窗含西岭千秋雪，门泊 东吴 万里 船。

范唱音频

伴奏音频

唱唱演演

提示：

1. 演唱时注意"鸣翠柳""白鹭""千秋雪""万里船"的咬字及发音。
2. 作品可采用独唱、轮唱、合唱等多种形式进行展现。
3. 注意弱起小节的气息控制。
4. 发声技巧练习：可运用弱起音的趣味进行学习训练。

15

音乐小知识

1. 小朋友，你发现什么不同了吗？我是弱起小节，请记住哦！

(   )

2. 请看图思考问题：《紫竹调》是我国哪个省的音乐作品呢？

> **请思考**
> （1）江苏民歌里的衬词有什么作用？
> （2）江苏一带的地方音乐常用哪几种乐器演奏？
> （3）江苏的音乐特点一般为几声调式？

拓展与创作

1. 听觉训练。

听辨单音，并将听到的音写在下列旋律中。

(1) $\frac{2}{4}$ 1 2 ( ) | 6 6 | 5 3 ( ) | 2 - ‖

(2) $\frac{2}{4}$ 3 5 ( ) | 6 5 | 6 5 ( ) | 3 1 ‖

2. 模唱训练。

(1) $\frac{2}{4}$ 5 6 5 3 | 5 - | 5 6 3 2 | 1 - ‖

(2) $\frac{2}{4}$ 3 5 6 6 | 5 - | 6 5 3 5 | 1 - ‖

3. 思考与创作。

请在专业老师的指导下，在（　　　）内填上你认为应该出现的音符，可以加入自己的想法再创编。

1=D $\frac{2}{4}$

6 6 i 5 3 | 6 6 i 5 3 | 2 3 5 2 1 6 | 1 - ‖

1=（　　）

　　　　 | 　　　　 | 　　　　 | ‖

17

小乐器合奏练习

 提示：在专业老师的指导下进行再次创作。

18

小儿垂钓

小朋友，你们有没有在河边钓过鱼呢？你们知道钓鱼的技巧吗？鱼儿也是有生命的，如果把钓到的鱼儿放回河里，它会很感谢你的！

看看想想

 小朋友来扫一扫二维码听听吧！

小儿垂钓

〔唐〕胡令能

蓬头稚子学垂纶，侧坐莓苔草映身。
路人借问遥招手，怕得鱼惊不应人。

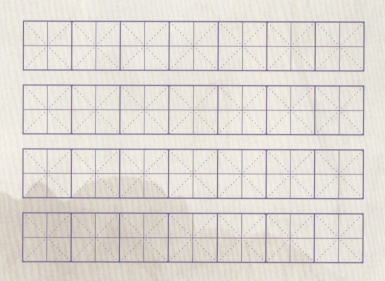

译文

一个头发蓬乱、面孔青嫩的小孩在河边学钓鱼，侧身坐在青苔上绿草映衬着他的身影。

听到有过路的人问路，小孩老远就招着小手，不敢回应路人生怕惊动了鱼儿。

注释

蓬头：形容小孩可爱。稚子：年龄小的、懵懂的孩子。

垂纶：钓鱼。纶：钓鱼用的丝线。

莓：一种野草。苔：苔藓植物。映：遮映。

借问：向人打听。

鱼惊：鱼儿受到惊吓。应：回应，答应，理睬。

小儿垂钓

〔唐〕胡令能 词
刘东 曲

1 = F 4/4

```
 6 1  6      3.      2 | 1     2 3  2 0   0   |
 蓬  头  稚    子    学  垂   纶,

 6 1  6      2.      1 | 5     6 1  6 0   0   |
 侧  坐  莓    苔    草  映   身。

 3.  5  6    5    | 1     2 3  2 0   0   |
 路  人  借    问    遥  招   手,

 5.  3  2 0  3 0  | 6     5    #5 6.  0   |
 怕  得  鱼  惊    不  应   人。
```

范唱音频

伴奏音频

唱唱演演

提示:

1. 在演唱时注意休止符,要保持声断气不断。
2. 作品可采用独唱、合唱、朗诵等多种形式进行展现。
3. 注意"蓬"的咬字,"轮""身""手""人"的收音。
4. 发声练习技巧:可用声断气不断的演唱方法。

音乐小知识

1. 小朋友，请在下面键盘 ⬭ 处填出等音，等音的含义是音高相同而记法不同的音，在老师的指导下说出等音的特点。

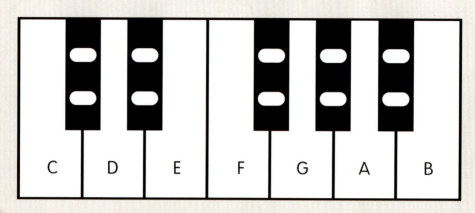

C　C D　E　F　F G　A　B

2. 请看图思考问题：《凤阳花鼓》是我国哪个省的音乐作品呢？

> **请思考**
> （1）凤阳花鼓出自哪个县？
> （2）它与另外哪两种形式称为"凤阳三花"？
> （3）凤阳花鼓的音乐特点是什么？

拓展与创作

1. 听觉训练。

   听辨单音，并将听到的音写在下列旋律中。

   (1) $\frac{2}{4}$ 1 3 ( ) | 5 3 ( ) | 1 0 ‖   (2) $\frac{2}{4}$ 5 3 ( ) | 3 0 ‖

   (3) $\frac{2}{4}$ 2 3 ( ) | 4 2 ( ) | 1 0 ‖   (4) $\frac{2}{4}$ 3 5 ( ) | 1 0 ‖

2. 模唱训练。

   (1) $\frac{2}{4}$ 11111 0 | 22222 0 | 33333 0 | 44444 0 | 55555 0 ‖

   (2) $\frac{2}{4}$ 33331 0 | 44442 0 | 55553 0 | 22223 | 1 - ‖

3. 思考与创作。

   请在专业老师的指导下，在（   ）内填上你认为应该出现的音符，可以加入自己的想法再创编。

   1=D $\frac{4}{4}$

   5 6 5 3 - | 6 ( ) 3 - | 3. 5 6 i | ( ) 3 1 2 - |

   3 3 3 2 - | 3 3 3 2 - | ( )( ) 2 3 | 2 3 2 3 2 - ‖

23

小乐器合奏练习

 提示：在专业老师的指导下进行再次创作。

望庐山瀑布

　　小朋友，你们知道庐山在哪个地方吗？你知道这首《望庐山瀑布》写的内容是什么吗？想象一下，诗中的画面气势恢宏，你是不是忍不住感叹大自然的奇妙！

看 看 想 想

 小朋友来扫一扫二维码听听吧！

望庐山瀑布

〔唐〕李白

日照香炉生紫烟，遥看瀑布挂前川。
飞流直下三千尺，疑是银河落九天。

译文

香炉峰在阳光的照射下生起紫色烟霞，远远望见瀑布似白色绢绸悬挂山前。高崖上飞腾直落的瀑布好像有几千尺，好像是银河从九天垂落山崖间。

注释

香炉：指香炉峰。紫烟：指日光透过云雾，远望如紫色的烟云。

遥看：从远处看。 挂：悬挂。

前川：也作"长川"。川：河流，这里指瀑布。

直：笔直。三千尺：形容山高，这里是夸张的说法，不是实指。

疑：怀疑。银河：古人指银河系构成的带状星群。

九天：表示上空的很高处。

望庐山瀑布

〔唐〕李白 词
刘东 曲

1=F 2/4

```
3̣ 5̣  6̣ 1 | 3  2  1 | 2  -  2  - |
日 照  香 炉  生  紫 烟,

3̣ 5̣  6̣ 1 | 2  1  6̣ | 1  -  1  - |
遥 看  瀑 布  挂  前 川。

3. 2 | 1  6̣ | 5  3  2  - |
飞    流 直  下  三 千 尺,

2 2  2 3 | 2  1  6̣ | 1  -  1  - :||
疑 是  银 河  落  九 天。
```

范唱音频

伴奏音频

唱唱演演

 提示：

1. 演唱时注意每一乐句的最后一个音的收音和重音记号的声音力度控制。
2. 作品可采用独唱、合唱等多种形式进行展示。
3. 注意"紫烟""瀑布""三千尺""疑是"等发音吐字及口型的正确性。
4. 发声技巧训练：可用重音技巧和延长音进行学习训练。

音乐小·知识

1. 小朋友，找出下列键盘里的半音和全音，并说出一个八度内的半音和全音有什么规律呢？

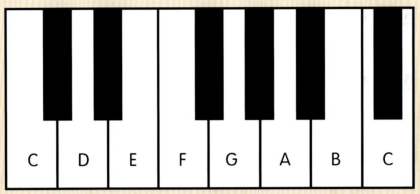

C D E F G A B C

2. 请看图思考问题：《康定情歌》是我国哪个省的音乐作品呢？

请思考

（1）四川常被人们称天府之国，能不能讲一下它的来历呢？

（2）四川一带的地方音乐常用哪几种乐器演奏？

（3）举例说明四川地区民族音乐特点。

拓展与创作

1. 听觉训练。

听辨单音，并将听到的音写在下列旋律中。

(1) $\frac{2}{4}$ 5 3 （ ） | 1 1 ‖   (2) $\frac{2}{4}$ 3 5 （ ） | 1 1 ‖

(3) $\frac{2}{4}$ 5 5 （ ） | 1 1 ‖   (4) $\frac{2}{4}$ 2 3 （ ） | 1 1 ‖

2. 模唱训练。

(1) $\frac{2}{4}$ 3 5 | 3 5 | 5 6 5 3 | 1 － ‖

(2) $\frac{2}{4}$ 5 3 | 5 6 | 3 5 3 2 | 1 － ‖

3. 思考与创作。

请在专业老师的指导下，在（　　　）内填上你认为应该出现的音符，可以加入自己的想法再创编。

1=D $\frac{2}{4}$

6 5 6 65 | 6 3 （ ） | 3 5 6 65 | 6 3 3 |

3 5 6 65 | 6 3 （ ） | 5 3 2321 | 2 6̣ 6̣ ‖

1=（　　　）

| | | | |

| | | | ‖

29

【夜宿山寺】

〔唐〕李白

危楼高百尺，手可摘星辰。
不敢高声语，恐惊天上人。

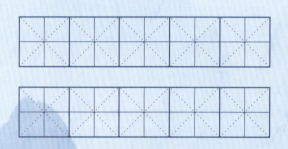

译文

山上寺院好似有百丈之高，站在上边仿佛都能摘下星辰。
不敢高声说话，唯恐惊动了天上的仙人。

注释

宿：住，过夜。

危楼：高楼，这里指山顶的寺庙。危：高。

百尺：虚指，不是实数，这里形容楼很高。

星辰：天上的星星统称。

语：说话。

恐：唯恐，害怕。惊：惊动。

夜宿山寺

〔唐〕李白 词
刘东 曲

1 = A 4/4

```
5 3  | i 7 6 5 | 5  -  | 3  5  6 7 5 | 5  -  |
危 楼    高 百 尺,           手 可  摘 星 辰。

5 3  | 6 5  1 | 1  -  | [1.] 2 3  5 3 2 | 2  -  :|
不 敢   高 声 语,              恐 惊  天 上 人。

[2.] 2 3  5 2 1 | 1  -  ‖
恐 惊  天 上 人。
```

范唱音频

伴奏音频

 提示：

唱唱演演

1. 在演唱时注意第一小节的"3"至"i"六度音的跨度及发音的正确性。

2. 作品可采用独唱、合唱等多种形式进行展现。

3. 注意"危楼""星辰""不敢""恐惊"的发声及咬字。

4. 发声技巧训练：可对大跨度音程的演唱进行学习训练。

音乐小·知识

1. 小朋友，五度相生律和十二平均律是谁发明的？有什么不同呢？

五度相生律

十二平均律

 提示：请把五度相生律和十二平均律的发明人及特点写在圆框内。

2. 请看图思考问题：《旱天雷》是我国哪个省的音乐作品呢？

请思考

（1）你们知道《旱天雷》的作者是谁吗？《旱天雷》讲的是什么故事？

（2）广东一带的音乐又被称为什么？

（3）广东的音乐是在什么基础上逐渐形成的？

拓展与创作

1. 听觉训练。

听辨单音，并将听到的音写在下列旋律中。

(1) $\frac{2}{4}$ $\underline{3\ 2}$ $\underline{1\ 3}$ | $\underline{2\ 6}$ ( ) | $\underline{3\ 5}$ $\underline{3\ 2}$ | 1 $\underline{2\ 3}$ | ( ) ‖

(2) $\frac{2}{4}$ $\underline{5\ 3}$ $\underline{5\ 3}$ | ( ) 2 | ( ) $\underline{5\ 3}$ | $\underline{5\ 2}1$ | ( ) ‖

2. 模唱训练。

(1) $\frac{3}{4}$ $\underline{5}$ 1 2 | 3 — — | 1 — 3 | 4 3 2 | 1 — — ‖

(2) $\frac{3}{4}$ $\underline{1\ 3}$ $\underline{5\ 6\ 5}$ | $\underline{6\ 5}$ $\underline{3\ 5\ 3}$ | $\underline{2\ 3}$ $\underline{5\ 3\ 2}$ | $\underline{2\ 3}$ $\underline{2\ 6}1$ ‖

3. 思考与创作。

请在专业老师的指导下，在（ ）内填上你认为应该出现的音符，可以加入自己的想法再创编。

1=G $\frac{4}{4}$

2 5 $\underline{3\ 2\ 3}$ | $\underline{\overline{5\ 3}\ \underline{2\ 1\ 2}}$ — | 2 5 2 $\underline{3\ 5}$ | $\underline{3\ 2}\underline{1\ 6}1$ — |

1 3 $\underline{2\ 3\ 5}$ | $\underline{\overline{2\ 7}\ \underline{6\ 5\ 6}}$ — | $\underline{1\cdot\ 2}\underline{7\ 6}\underline{5\ 3}$ | 5 — — — ‖

1=（ ）

| | | |

小乐器合奏练习

 提示：在专业老师的指导下进行再次创作。

登鹳雀楼

　　小朋友，你们感受过我们祖国的大好河山和壮丽的风景吗？欲穷千里目，更上一层楼，气势磅礴、意境深远，激励着中华民族昂扬向上、不断进取，据说这首诗在中国的政治和外交场合出现过呢。

看看想想

小朋友来扫一扫二维码听听吧！

37

登鹳雀楼

〔唐〕王之涣

白日依山尽，黄河入海流。
欲穷千里目，更上一层楼。

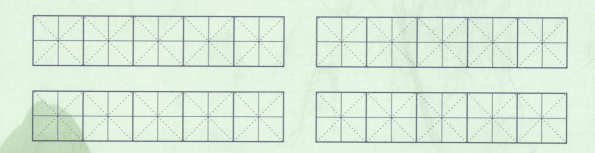

译文

夕阳依傍着山峦渐渐下落，滔滔黄河朝着大海汹涌奔流。
若想把千里的风光景物看够，那就请再登上一层高楼。

注释

鹳雀楼：旧址在山西永济县，楼高三层，前对中条山，下临黄河。传说常有鹳雀在此停留，故有此名。

白日：太阳。

依：依傍。

尽：消失。这句话是说太阳依傍山峦沉落。

欲：想要得到某种东西或达到某种目的的愿望，但也有希望、想要的意思。

穷：尽，使达到极点。

千里目：眼界宽阔。　　　更：再。

登鹳雀楼

〔唐〕王之涣 词
刘东 曲

1=E 或 F 3/4

3 3. 2 | 1 1 — | 6 7 1 2 3 | 2 — — |
白 日 依 山 尽， 黄 河 入 海 流。

3 5. 3 | 2 6 — | 5 6 1 2 3 | 2 — — :|
欲 穷 千 里 目， 更 上 一 层 楼。

[2.]
5 6 3 2 | 1 — — :| 3 5. 3 | 2 6 — |
更 上 一 层 楼。 欲 穷 千 里 目，

5 6 3 2 | 1 — — ‖
更 上 一 层 楼。

范唱音频

伴奏音频

唱唱演演

提示：

1.演唱时注意附点音的演唱技巧。
2.作品可采用独唱、合唱等多种形式进行展现。
3.注意"尽""流""欲穷"的咬字及发音。
4.发声技巧训练：可运用附点音的技巧进行学习训练。

音乐·小·知识

1. 小朋友，调号在我们作品中起到什么作用，调号一共有多少个呢？

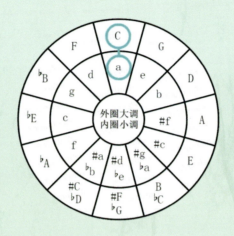

2. 请看图思考问题：《花儿为什么这样红》是我国哪个省（自治区）的音乐
作品呢？

请思考

（1）新疆被称为什么之乡？新疆的代表乐器有哪些？

（2）你能列举出几首具有典型新疆音乐特点的作品吗？

（3）有一首维吾尔族古典乐曲被誉为民间音乐和舞蹈完美结合的艺术
瑰宝，你知道这个作品是什么吗？

拓展与创作

1. 听觉训练。

听辨单音，并将听到的音写在下列旋律中。

(1) $\frac{4}{4}$ 3　　5　6　- | 5　6（　）- | 2̲3̲　2̲6̣̲　1　- ‖

(2) $\frac{4}{4}$ 3̲5̲ 3　5　- | 6　3　5　- | 3̲5̲ 3　　2　1 ‖

2. 模唱训练。

(1) $\frac{3}{4}$ 1　3　5 | 6　5　3 | 5　3　2 | 1　6̣　1 ‖

(2) $\frac{3}{4}$ 3　2　1 | 2　1　6̣ | 6　3　2 | 2　6̣　1 ‖

3. 思考与创作。

请在专业老师的指导下，在（　　　）内填上你认为应该出现的音符，可以加入自己想法再创编。

1=E $\frac{2}{4}$

6 $\overset{7̲6̲}{}$ ♯5̲ 6 | 7 $\overset{1̲2̲}{}$ i̲ i | 6·̲ i̲ 7̲ ♯5̲6̲ | 6　- ‖

1=（　　）

　　　　| 　　　　| 　　　　| 　　　　‖

小乐器合奏练习

 提示：在专业老师的指导下进行再次创作。

舟夜书所见

小朋友，你们了解渔民的日常生活吗？渔民出海一般是在白天还是夜晚呢？

看看想想

 小朋友来扫一扫二维码听听吧！

43

舟夜书所见

〔清〕查慎行

月黑见渔灯，孤光一点萤。
微微风簇浪，散作满河星。

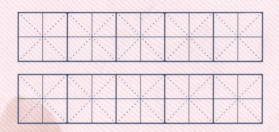

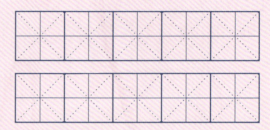

译文

漆黑之夜不见月亮，只见那渔船上的灯光，
孤独的灯光在茫茫的夜色中，像萤火虫一样发出一点微亮。
微风阵阵，河水泛起层层波浪，渔灯微光在水面上散开，好像撒落无数的星星。

注释

孤光：孤零零的灯光。
簇：拥起。

舟夜书所见

〔清〕查慎行 词
刘东 曲

1=C 4/4

```
0  0  0  5  | : 3 - - 4 3 | 2 - - 5 | 2 - - 2 1 | 3 - - 1 |
            月  黑    见渔 灯，  孤 光    一点 萤。     微

6 - - 4 5 | 6 - - 6 | 5 - - 4 3 | [1.] 2 - - 5 : | [2.] 1 - - 1 |
微    风簇 浪，  散 作    满河 星。      月 星 月

i - - 7 5 | 6 - - 2 | 7 - - i 7 | 5 - - 1 | 6 - - 7 5 |
黑    见渔 灯，  孤 光    一点 萤。  微 微    风簇

6 - - 6 | 5 - - 4 3 | 1 - - 1 | i - - 7 5 | 6 - - 2 |
浪，  散 作    满河 星。  月 黑    见渔 灯，  孤

7 - - i 7 | 5 - - 1 | 6 - - 7 5 | 6 - - 6 | 5 - - 4 3 |
光    一点 萤。  微 微    风簇 浪，  散 作    满河

1 - - - | 1 0 0 0 ‖
星。
```

间奏

范唱音频

伴奏音频

 提示：

1.演唱时注意每个乐句的"弱起"及八度音的跨越。
2.作品可采用独唱、合唱等多种形式进行展现。
3.注意"光""星"的咬字及口型。
4.发声技巧训练：可用弱起音或弱起小节进行技巧学习训练。

唱唱演演

45

音乐小·知识

1. 小朋友，什么是大小调你们知道吗？大小调有什么不同呢？

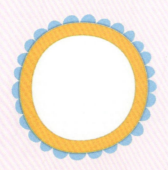 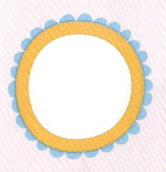

 提示：请小朋友把大小调的不同特点分别填在圆圈内。

2. 请看图思考问题：《刘三姐》《山歌好比春江水》是我国哪个省（自治区）的音乐作品呢？

请思考

（1）《刘三姐》讲的是一个什么故事？

（2）《刘三姐》的主题曲是？

（3）广西传统民谣的音乐特点是什么？

拓展与创作

1. 听觉训练。

听辨单音，并将听到的音写在下列旋律中。

(1) $\frac{2}{4}$ 5 6 3 2 | 3 ( ) | 5 6 3 2 | 6̣ ( ) ‖

(2) $\frac{2}{4}$ 2 2 3 | 5 - | 6 ( ) | 5 3 1 ‖

2. 模唱训练。

(1) $\frac{2}{4}$ 1 1 6̣ 1 | 2 - | 5 3 2 | 1 2 ‖

(2) $\frac{2}{4}$ 1 2 5 3 | 2 - | 1 6̣ 1 3 | 2 - ‖

3. 思考与创作。

请在专业老师的指导下，在（   ）内填上你认为应该出现的音符，可以加入自己想法再创编。

1=♭B $\frac{2}{4}$ $\frac{3}{4}$

3 2 2 1 | 5. 3 2. 1 6 | 5. 6 1̇ | 3 2 3 2 1 |

6 5 6 1̇ | 2̇ 6 7 6 | ⁶̣5 - | 5 - ‖

1=（   ）

| | | |
| | | ‖

小乐器合奏练习

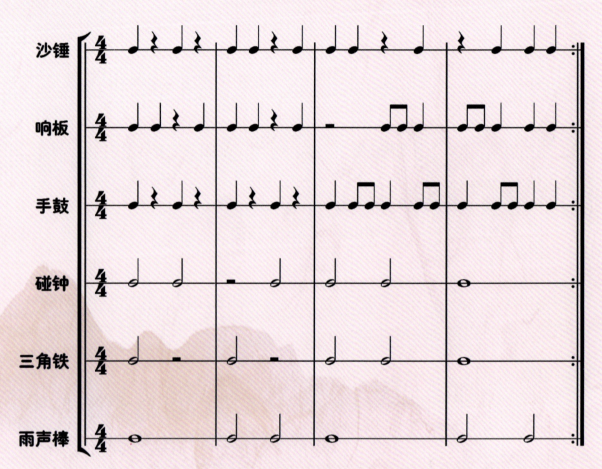

 提示：在专业老师的指导下进行再次创作。

敕勒歌

小朋友，你们知道敕勒人吗？他们生活的习俗和我们有什么不同呢？你能想象出一个水草丰盛、牛羊肥壮的草原场景吗？

看看想想

 小朋友来扫一扫二维码听听吧！

49

敕勒歌

〔南北朝〕乐府诗歌

敕勒川，阴山下。
天似穹庐，笼盖四野。
天苍苍，野茫茫。
风吹草低见牛羊。

译文

阴山脚下有敕勒族生活的大草原。

敕勒川的天空与大地相连，看起来好像牧民们居住的毡帐一般。

蓝天下的草原都翻滚着绿色的波澜，那风吹到草低处，一群群的牛羊时隐时现。

注释

敕勒（chì）歌：乐府杂歌篇名。

阴山：在今内蒙古自治区北部。　　茫茫：辽阔无边的样子。

穹（qióng）庐：用毡布搭成的帐篷，即蒙古包。

天苍苍：苍苍指青色。苍，青，天苍苍，天蓝蓝的。

敕勒歌

北朝民歌 词
刘东 曲

1=A 4/4

0 0 3 5 | 6 - - - | 6 0 6 <u>56</u>5 | 3 - - - | 3 0 1 3 |
敕 勒 川，　　　　　阴 山 下。　　　　　天 似

2 2 - 3 | 5 - 6 5 | <u>35</u>3 - - - | 3 0 3 5 | 6 - - - | 6 0 i 3 |
穹 庐，笼 盖 四　野。　　　天 苍 苍，　　野 茫

<u>23</u>2 - - - | 2 0 3 5 | <u>5</u>6 - - 3 | 2 0 1 2 |
茫。　　　风 吹 草　低 见 牛

3 - - - | 3 0 3 5 | <u>5</u>6 - - - | 6 0 i 3 | <u>23</u>2 - - - | 2 0 3 5 |
羊。　　　天 苍 苍，　　野 茫 茫.　　　风 吹

6 - - i | 2 0 <u>12</u>i - | <u>61</u>6 - - - | 6 - 0 0 ‖
草　低 见 牛 羊

范唱音频

伴奏音频

唱唱演演

提示：

1. 演唱时注意弱起音的起音，注意渐强和渐弱。
2. 作品可采用朗诵、乐器、合唱等多种形式进行展现。
3. 注意"敕勒""苍穹""风吹"的咬字及发音。
4. 发声技巧训练：可对弱起和延长音力度变化技巧进行学习训练。

音乐·小·知识

1. 小朋友，路与路之间的距离叫路程，那音与音之间的距离叫什么呢？两个音之间的音高关系用什么来表示呢？

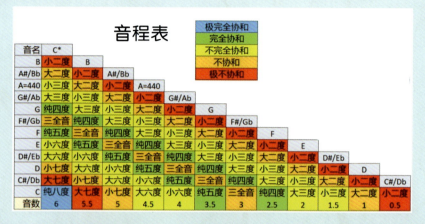

音程表

| 极完全协和 |
| 完全协和 |
| 不完全协和 |
| 不协和 |
| 极不协和 |

音名	C*											
B	小二度	B										
A#/Bb	大二度	小二度	A#/Bb									
A=440	小三度	大二度	小二度	A=440								
G#/Ab	大三度	小三度	大二度	小二度	G#/Ab							
G	纯四度	大三度	小三度	大二度	小二度	G						
F#/Gb	三全音	纯四度	大三度	小三度	大二度	小二度	F#/Gb					
F	纯五度	三全音	纯四度	大三度	小三度	大二度	小二度	F				
E	小六度	纯五度	三全音	纯四度	大三度	小三度	大二度	小二度	E			
D#/Eb	大六度	小六度	纯五度	三全音	纯四度	大三度	小三度	大二度	小二度	D#/Eb		
D	小七度	大六度	小六度	纯五度	三全音	纯四度	大三度	小三度	大二度	小二度	D	
C#/Db	大七度	小七度	大六度	小六度	纯五度	三全音	纯四度	大三度	小三度	大二度	小二度	C#/Db
C	纯八度	大七度	小七度	大六度	小六度	纯五度	三全音	纯四度	大三度	小三度	大二度	小二度
音数	6	5.5	5	4.5	4	3.5	3	2.5	2	1.5	1	0.5

2. 请看图思考问题：《河洛大鼓》《河南坠子》是我国哪个省的音乐作品呢？

> **请思考**
> （1）河洛大鼓出自于河南哪里呢？
> （2）它的表现形式有哪些？
> （3）河洛大鼓和凤阳花鼓的区别在哪里？
> （4）河南坠子的表现形式是怎样的？

拓展与创作

1. 听觉训练。

听辨单音，并将听到的音写在下列旋律中。

(1) $\frac{2}{4}$ 5 6 5 2 | 5 0 | （ ） 2 | 1 6̣ （ ） ‖

(2) $\frac{2}{4}$ 2 3 1 2 | 3 - | （ ） 1 2 | 6̣ - ‖

2. 模唱训练。

(1) $\frac{2}{4}$ 6 5 3 5 | 6 5 6 | 6 5 3 5 | 2 1 6̣ ‖

(2) $\frac{2}{4}$ 5 6 | 5 3 | 5 6 5 3 | 2 - ‖

3. 思考与创作。

请在专业老师的指导下，在（ ）内填上你认为应该出现的音符，可以加入自己想法再创编。

1=C $\frac{2}{4}$

5̣ 1 | 5̣ 1 | 6̣·1 2 3 | 1 1 2 3 5 | 2 1 5 6̣ | 1 - ‖

1=（ ）

| | | | | | ‖

小乐器合奏练习

 提示：在专业老师的指导下进行再次创作。

晓出净慈寺送林子方

　　小朋友，你们知道净慈寺在哪里吗？净慈寺与灵隐寺为什么是西湖南北山两大著名佛寺呢？

看 看 想 想

小朋友来扫一扫二维码听听吧！

55

晓出净慈寺送林子方

〔宋〕杨万里

毕竟西湖六月中，风光不与四时同。
接天莲叶无穷碧，映日荷花别样红。

译文

到底是西湖六月天的景色，风光与其他季节确实不同。
荷叶接天望不尽一片碧绿，阳光下荷花分外艳丽、鲜红。

注释

晓：太阳刚刚升起。

净慈寺：全名"净慈报恩光孝禅寺"，与灵隐寺并称为杭州西湖南北山两大著名佛寺。

林子方：作者的朋友，官居直阁秘书。

毕竟：到底。　　接天：像与天空相接。

四时：指春、夏、秋、冬四个季节。在这里指六月以外的其他时节。

无穷：无边无际。无穷碧：因莲叶面积很广，似与天相接，呈现无穷的碧绿。

别样：宋代俗语，特别，不一样。别样红：红得特别出色。

晓出净慈寺送林子方

〔宋〕杨万里 词
刘 东 曲

1=F 4/4

5̣ | 6̣· 1 5̣· - | 2 1 3 - | 2 1̣ 2̣ 6̣· - | 1 2 5̣ - |
毕 竟 西 湖 六 月 中 风 光 不 与 四 时 同

6̣ | 1̣ 2 1 - | 2 1 6̣· - | 1. 6̣· 5̣ 2 3 2 1 | 2 - - - :|
接 天 莲 叶 无 穷 碧 映 日 荷 花 别 样 红

2. 6̣· 5̣ 2 3 2 6̣ | 1 - - - || 结束句 6̣· 5̣ 2 3 2 6̣ | 1 - - - ||
映 日 荷 花 别 样 红 映 日 荷 花 别 样 红

范唱音频　　伴奏音频

 提示：　　唱唱演演

1. 演唱时注意声音的通透和自然灵动、音色统一。
2. 作品可采用独唱、朗诵、合唱等多种形式进行展现。
3. 注意"毕竟""四时同""无穷""映日"的咬字及发声。
4. 发声技巧训练：可连贯性、舒展性技巧进行学习训练。

57

音乐·小·知识

1. 小朋友，几个音同时演奏出现的音叫什么？和弦有几种？

三和弦　　　　　　七和弦　　　　　　九和弦

2. 请看图思考问题：《鸿雁》是我国哪个省（自治区）的音乐作品呢？

请思考

（1）蒙古族民歌分类有哪两类？蒙古族民歌主要的音乐特点是什么？

（2）蒙古族民歌是指什么？

（3）蒙古族民歌和宴歌有什么不同？

拓展与创作

1. 听觉训练。

　听辨单音，并将听到的音写在下列旋律中。

　(1) $\frac{3}{4}$ 5　5　5 | ( )4　5 | 6 1 6 5 5 | 3 2 1　0 ‖

　(2) $\frac{3}{4}$ 3　3　6 | ( )6　6 | 6 1 6 3 2 | 3　5　3 ‖

2. 模唱训练。

　(1) $\frac{3}{4}$ 3　5　6 | 5　-　- | 2 3 1　3 | 5 - - ‖

　(2) $\frac{3}{4}$ 3 2 1 2 3 | 3 6 5 2 3 | 6 5 5　3 | 5 - - ‖

3. 思考与创作。

　请在专业老师的指导下，在（　　）内填上你认为应该出现的音符，并根据下列出现的蒙古族音乐的特点再创编自己喜欢的旋律。

1=G $\frac{4}{4}$

3 1 6 5 - | 5　6 1 6　- | 6 5 3 1 2 5 3 | 2 2 2 - - |

5 6 1 6　- | 2 3 1 6 5　- | 3 1 6 5 6 3 | $\overset{121}{\frown}$ 6 - - - ‖

1=（　　）

　　　　　| 　　　　　| 　　　　　| 　　　　　|

　　　　　| 　　　　　| 　　　　　| 　　　　‖

小乐器合奏练习

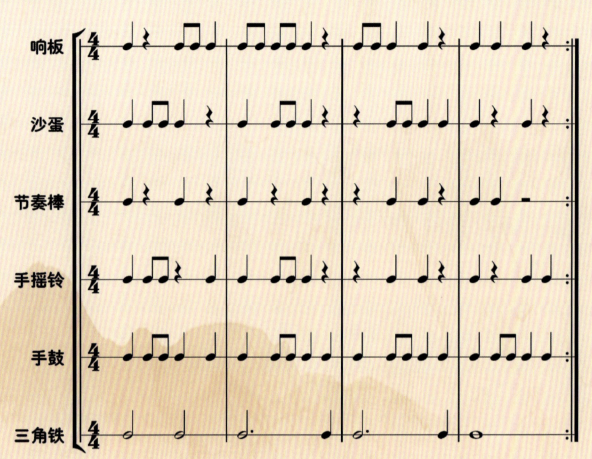

 提示：在专业老师的指导下进行再次创作。

梅花

　　小朋友，梅花在寒冬独放，不惧严寒，暗香沁人，它告诉我们做人要像梅花一样坚强、不屈，在艰难的环境中也要坚持不放弃。

看看想想

小朋友来扫一扫二维码听听吧！

61

梅花

〔宋〕王安石

墙角数枝梅，凌寒独自开。

遥知不是雪，为有暗香来。

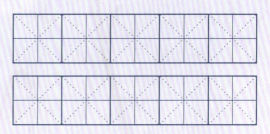

译文

墙角有几枝梅花，正冒着严寒独自盛开。

远远地就知道洁白的梅花不是雪，因为有梅花的幽香传来。

注释

凌寒：冒着严寒。

遥：远远地。知：知道。

为（wèi）：因为。

暗香：指梅花的幽香。

梅花

〔宋〕王安石 词
刘东 曲

1=G 4/4

7̲1̲ 5̲ 3 5̲6̲ | 5 - - - | 5̲6̲ 5 1 2̲3̲ | 2 - - - |
墙 角 数 枝 梅， 凌 寒 独 自 开。

2̲3̲ 2 1 7̲ | 6 - - - | 5̲ 6 7 1 | 1̲ 2̲ 2 - - |
遥 知 不 是 雪， 为 有 暗 香 来。

7̲1̲ 5̲ 3 5̲6̲ | 5 - - - | 5̲6̲ 5 1 2̲3̲ | 2 - - - |
墙 角 数 枝 梅， 凌 寒 独 自 开。

2̲3̲ 2 1 7̲ | 6 - - - | 5̲ 6 7 5̲ | 1 - - - :||
遥 知 不 是 雪， 为 有 暗 香 来。

范唱音频

伴奏音频

 唱唱演演

提示：
1.演唱时注意每句延长音需要做渐弱处理。
2.作品可采用合唱、轮唱等多种形式进行展现。
3.注意"墙角""雪"的咬字及收音。
4.发声技巧训练：可用力度变化技巧进行学习训练。

63

音乐小·知识

1. 小朋友，大家都知道月有阴晴圆缺，那么音乐是否可以用不同形式来展现出人的喜怒哀乐呢？

喜　　怒　　哀　　乐

提示：听乐辨调，不同类型的风格给予人的感受是不一样的，你能分辨出来吗？

2. 请看图思考问题：《青藏高原》是我国哪个省（自治区）的音乐作品呢？

> **请思考**
> （1）西藏的音乐结构曲式一般是怎样的？
> （2）西藏民族音乐是以几声调式为主？

拓展与创作

1. 听觉训练。

　　听辨单音，并将听到的音写在下列旋律中。

　　　(1) $\frac{2}{4}$ $\underline{5\ 5}$ $\underline{3\ 2}$ | $\underline{5\ 5}$ （　） | $\underline{1\ \dot{6}}$ （　） | 2 － ‖

　　　(2) $\frac{2}{4}$ $\dot{6}$ $\underline{1\ 2}$ | $\dot{6}$ （　） | $\underline{5\ 3}$ （　） | $\dot{6}$ － ‖

2. 模唱训练。

　　　(1) $\frac{3}{4}$ 5 3 3 | 4 2 2 | 2 $\underline{3\ 2\ 2}$ | $\dot{6}$ 1 － ‖

　　　(2) $\frac{3}{4}$ $\underline{1\ \dot{6}}$ 1 2 | 2 － － | $\underline{3\ 5}$ $\underline{1\ \dot{6}}$ 2 | $\underline{5\ 3}$ $\underline{2\ 1}$ $\dot{6}$ ‖

3. 思考与创作。

　　请在专业老师的指导下，在（　　　）内填上你认为应该出现的音符，并根据下列出现音符再创编自己喜欢的旋律。

1=E $\frac{4}{4}$

3 3 $\underline{\overarc{6\ 7\ 6}}$ 5 － | $\underline{7\ 6\ 7}$ $\underline{5\ 3\ 3}$ $\underline{2\ 3}$ 3 － |

3 3 $\underline{5\ \overarc{6\ 7\ 5\ 3}}$ 2 | $\underline{3\ 2\ 3}$ $\underline{1\ 6}$ $\underline{6\ 5}$ $\dot{6}$ － ‖

1=（　　）

|　　| |
|　　| |

小乐器合奏练习

 提示：在专业老师的指导下进行再次创作。

江雪

　　小朋友，在一个大雪纷飞、天寒地冻的冬日，你能想象出老者在江上独自钓鱼的情景吗？他又为什么会选择在这么寒冷的天气钓鱼呢？你知道他有什么故事吗？

看看想想

小朋友来扫一扫二维码听听吧！

67

江雪

〔唐〕柳宗元

千山鸟飞绝，万径人踪灭。
孤舟蓑笠翁，独钓寒江雪。

译文

所有的山上，飞鸟的身影已经绝迹，所有道路都不见人的踪迹。

江面孤舟上，一位披戴着蓑笠的老翁，独自在大雪覆盖的寒冷江面上垂钓。

注释

绝：无，没有。

万径：虚指，指千万条路。

人踪：人的脚印。

孤：孤零零。

蓑笠（suō lì）：蓑衣和斗笠； 笠：用竹篾编成的帽子。

独：独自。

江雪

〔唐〕柳宗元 词
刘东 曲

$1 = {}^\flat E$ $\frac{4}{4}$

6 6 5 1 6̣ 2 3 | 2 1 6̣ - | 2 2 6̣ 1 2 3 5 | 6 5 3 - |
千山 鸟 飞 绝， 万径 人 踪 灭。 孤舟 蓑 笠 翁， 独钓 寒 江 雪。

2 2 1 5 3 - | 2 3 2 1 6̣ - | 3̣ 5 6̣ 1 2 2 3 | 2 1 6̣ - :‖
千山 鸟 飞 绝， 万径 人 踪 灭。 孤舟 蓑 笠 翁， 独钓 寒 江 雪。

范唱音频

伴奏音频

 提示：

唱唱演演

1. 在演唱时注意每个乐句的完整性，保持气息充足。
2. 作品可采用乐器衬托、独唱、合唱等多种形式进行展现。
3. 注意"踪灭""蓑笠翁""江雪"的咬字及发音。
4. 发声技巧训练：可用乐句的完整技巧学习训练。

音乐·小·知识

1. 小朋友，你们了解乐曲的基本形式吗？

一段体

二段体

三段体

提示：请在专业老师的指导下举例说明。

2. 请看图思考问题：《东北二人转》是我国哪个省的音乐作品呢？

请
思
考

（1）二人转的音乐特色是出自哪两种形式？

（2）二人转的表演有"四功一绝"，指的是？

（3）二人转表演手段一般可分为哪三种？

拓展与创作

1. 听觉训练。

听辨单音，并将听到的音写在下列旋律中。

(1) $\frac{4}{4}$ 5 - 665 | 3 - 112 | ( ) 123 6̣ | 5̣ - - - ‖

(2) $\frac{4}{4}$ 132 26̣1 | 3531 ( ) - | 216̣11 - ‖

2. 模唱训练。

(1) $\frac{2}{4}$ 3 5 5 6 | 6 5 3 | 2 4 3 2 | 1 2 1 ‖

(2) $\frac{2}{4}$ 6 6 6 5 3 5 2 | 6 6 3 5 3 2 1 | 2 3 1 - ‖

3. 思考与创作。

请在专业老师的指导下，在（　　　）内填上你认为应该出现的音符，并根据下列出现的蒙古族音乐的特点创编自己喜欢的旋律。

1=G $\frac{2}{4}$

6 65 6 1̇ | 3·5 6 | 6̇1̇65 3522 | 321 276̣ |

03̣ 6̣12 | 32355 | 3532 1612 | 3·53 | 1 6̣ ‖

1=（　　）

小乐器合奏练习

 提示：在专业老师的指导下进行再次创作。

诗词有音乐（四）

◎ 槿 岚 著

北京交通大学出版社
·北京·

图书在版编目（CIP）数据

诗词有音乐．（四）/槿岚著．—北京：北京交
通大学出版社，2019.10
ISBN 978-7-5121-4068-4

Ⅰ．①诗… Ⅱ．①槿… Ⅲ．①古典诗歌—中国—学前
教育—教学参考资料 ②音乐课—学前教育—教学参考资料
Ⅳ．①G613

中国版本图书馆 CIP 数据核字(2019)第 201304 号

诗词有音乐（四）
SHICI YOU YINYUE（SI）

策划编辑：王小琴　　责任编辑：王 忭
出版发行：北京交通大学出版社　　电话：010-51686414　　http://www.bjtup.com.cn
地　　址：北京市海淀区高粱桥斜街44号　　邮编：100044
印 刷 者：艺堂印刷（天津）有限公司
经　　销：全国新华书店
开　　本：185 mm x 260 mm　　印张：5.25　　字数：132千字
版　　次：2019年10月第1版　　2019年10月第1次印刷
书　　号：ISBN 978-7-5121-4068-4/G·1902
印　　数：1~2000册　　定价：396.00元（全四册）

本书如有质量问题，请向北京交通大学出版社质监组反映。对您的意见和批评，我们表示欢迎和感谢。
投诉电话：010-51686043，51686008；传真：010-62225406；E-mail：press@bjtu.edu.cn。

序言

在《诗词有音乐》里，你会陪伴孩子聆听一首小诗，或者哼唱一段诗意的旋律，来读懂诗人的内心。作为一段创意之旅，这或许是一种陪伴、一种感动、一种成长，也或许是一种爱。

"腹有诗书气自华"，我们深知诗词赋予我们的精神食粮；音乐带给我们无穷的魅力，不仅能让孩子收获渊博的知识、感知古人的智慧，从而成为自信、善良、有骨气、坚强的人。

《诗词有音乐》是一套能让小朋友学以致用的匠心之作，通过将诗词唱成歌、跳成舞、演成剧，带孩子做游戏，给孩子讲故事，聆听一段音乐，创作一幅创意画，引导孩子以拓展和创作的方式全方位、多角度训练孩子的思维能力、观察能力和动手能力，培养孩子的情商和音乐艺术修养。

本套书从诗词出发，引导孩子学习各种音乐知识，具有以点带面、可线上线下互动学习、扫码即听等特点，内容通俗易懂，将知识娓娓道来。编写这套《诗词有音乐》，我们希望每位孩子都能成为一位懂音乐、有才情的人！

——槿岚

序言

(1) 扫码下载加阅APP。　　(2) 打开加阅APP，扫描此二维码，添加到我的书架，依次点开三个文件夹。

下载加阅APP

诗词有音乐（四）

(3) 学习时进入本册，从我的书架中点击扫描，扫描相应的二维码读取。

目 录

少儿歌唱基础课程

第一节　认识我们身体里的一件"乐器"…………………………… 1

第二节　树立听觉系统 …………………………………………… 3

第三节　用我们的声音去画画 …………………………………… 5

第四节　我们是呼吸器官的家庭小成员 ………………………… 7

第五节　我们是发声器官的家庭小成员 ………………………… 9

第六节　我有一个"调音台"……………………………………… 11

第七节　善歌者先调其气 ………………………………………… 13

第八节　小嘴巴讲好中国话（开口音练习）…………………… 16

第九节　小嘴巴讲好中国话（闭口音练习）…………………… 18

第十节　弱起音的训练 …………………………………………… 20

第十一节　强起音的训练 ………………………………………… 22

第十二节　比一比谁的弹力大?…………………………………… 24

第十三节　我们一起"荡秋千"（声音的流畅练习）………… 26

第十四节　小马蹄"哒哒哒"（附点练习）…………………… 28

第十五节　啄木鸟在歌唱（十六分音符训练）……………… 30

第十六节　我的呼拉圈（三连音练习）………………………… 32

第十七节　我和另一个我（变化音练习）……………………… 34

第十八节　我的小头花（"倚音"练习）……………………… 36

第十九节　谁是木头人（"休止符"训练）…………………… 38

第二十节　一起坐"过山车"（音程大跨度练习）………… 40

第二十一节　音的力度强弱关系 ……………………………… 42

第二十二节　城堡里的关门声（强终止 弱终止）………… 44

第二十三节　我的调色板（音色统一训练）………………… 46

第二十四节　遥看瀑布挂前川（高位置训练）……………… 48

第二十五节　山的那一边（假声训练）……………………… 50

形体训练及视唱练习篇

第一节　站姿组合训练 ································ 53

第二节　行走组合训练 ································ 55

第三节　面部表情组合训练 ···························· 57

第四节　手位组合训练 ································ 59

第五节　走步跳步组合训练 ···························· 61

第六节　肩部灵活组合训练 ···························· 63

第七节　腰部灵活组合训练 ···························· 65

第八节　腿脚灵活组合训练 ···························· 67

第九节　腹腰胯腿拉伸组合训练 ························· 69

第十节　呼吸操组合训练 ······························ 71

第十一节　舞台走位训练 ······························ 73

第十二节　伸展组合训练 ······························ 75

第十三节　身体平衡组合训练 ·························· 77

少儿歌唱基础课程

第一节　认识我们身体里的一件"乐器"

 1. 小朋友，你们知道吗?

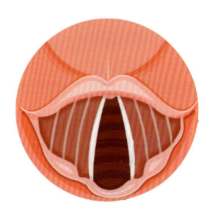

　　我们每个人的身体里都有一件"乐器"，这件乐器非常珍贵，可以发出非常好听的声音，而且音色多种多样，你想了解它吗?

 2. 听一听，想一想。

声音是怎么产生的呢?
我们在唱歌的时候，声带是怎么工作的呢?

 3. 我们一起做实验。

提示：在专业老师的指导下，对比唱歌时声带与不唱歌时声带的形状和状态。

 学一学
练一练

乐曲伴奏

1. 请跟着老师一起来趣味练声吧。

小青蛙

小青蛙，呱呱呱，

跟着妈妈去玩耍。

你说哪儿，我去哪儿，

鼓起肚子呱呱呱。

提示：老师可引导学生观察青蛙在唱歌时肚子的变化，仔细想一想青蛙妈妈和姐姐弟弟音色有什么不同？

 写一写
做一做

2. 小朋友，请在专业老师的指导下进行连线哦！

声带充血　　声带正常　　闭合不佳　　声带肥厚　　闭合不佳　　闭合不佳

 3. 小朋友，我们要保护好自己的声带，保护嗓子，从小事做起，要记牢，下面的内容要听老师话哦！

早起早睡　　　　多喝温水　　　坚持锻炼

树立听觉系统

什么是好听的声音？

1. 小朋友，你们知道"余音绕梁三日不绝"和"大音希声"的故事吗？

余音绕梁，三日不绝

大音希声，大象无形

写一写
做一做

2. 小朋友，你们知道"余音绕梁"出自哪里？
故事讲的主人翁是谁呢？

"大音希声"出自哪里？

是谁提出的呢？

讲的是什么道理呢？

1. 请跟着老师一起来趣味练声吧!

乐曲伴奏

动物在歌唱

小鸟站树梢,叽叽喳喳叫。

声音很响亮,没有在吵闹。

蝉儿在居高,嗓儿不停叫。

知了的腔调,我们该思考。

提示:老师可引导学生发出好听的声音,并找到正确演唱的感觉,树立好的听觉系统和对声音的正确认识。

2. 小朋友,你们觉得下面的动物谁的叫声最好听呢? 写出为什么。

用我们的声音去画画

1. 小朋友们，我们每个小朋友的声音音色都不一样，我们每个人的声音是独一无二的，那么音色有哪几类呢？

高亢的

清脆的

浑厚的

柔美的

低沉的

嘹亮的

2. 小朋友我们每个人的音色就像树叶一样，都不相同，知道是为什么吗？

音色的概念

通俗讲，音色就是声音不同的色彩，它取决于发声体的材料和结构，又称"音品"。

1. 请跟着老师一起来趣味练声吧！

乐曲伴奏

音色歌

大红灯笼高高挂呀，

我家橙子香又甜呀，

蓝蓝天空白云飘呀，

绿皮西瓜圆又大呀，

黑色溜溜不敢跑呀，

木槿花开蓬勃长呀，

粉色嘟嘟好可爱呀。

色相环

提示：老师可引导学生发出好听的声音并找到正确的演唱感觉，树立好的听觉系统和对声音的正确认识。

2. 小朋友，在老师的指导下你能为声音画一幅画吗？

第四节　我们是呼吸器官的家庭小成员

1. 小朋友，让我们来认识一下呼吸器官的家庭成员吧！

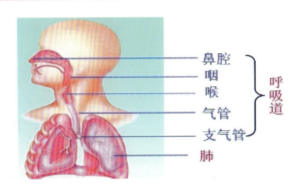

鼻腔
咽
喉
气管
支气管　　呼吸道
肺

学一学
想一想

2. 小朋友，在我们睡觉时、说话时、歌唱时，我们的鼻、咽、喉、气管、支气管和肺是如何运动的呢？

睡觉时

说话时

歌唱时

3. 我们一起做实验。

提示：在专业老师的指导下，观察球的变化及呼吸的状态，并体会歌唱状态下的"吸""呼""保持"。

1. 请跟着老师一起来趣味练声吧!

乐曲伴奏

小火车

小火车，嘟嘟嘟，
跑得快，嘟嘟嘟，
到站了，嘘……
我想去，大草原，
穿过洞，越过山。

提示：老师可引导学生进行气息练习，建立顺畅的歌唱呼吸系统，老师和学生可进行游戏训练，了解气息在声音中的存在及变化。

写一写 做一做

2. 小朋友，请把不是呼吸器官家庭的小成员用"✓"标出来吧。

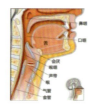

第五节　我们是发声器官的家庭小成员

1. 小朋友，让我们先来认识一下发声器官的家庭成员吧！

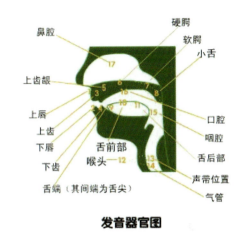

鼻腔　　硬腭　软腭　小舌
上齿龈
上唇
上齿
下唇
下齿
舌前部
喉头　12
舌端（其间端为舌尖）
口腔
咽腔
舌后部
声带位置
气管

发音器官图

学一学
想一想

2. 小朋友，你们知道在我们唱歌的过程中发声器官家庭里的小成员是如何工作的吗？你可以在老师的指导下画出来吗？

3. 认识正确的发声原理。

喔喔喔~
喔哦哦Yooooo~

提示：请在专业老师的指导下体会发声原理，并正确认识发声的方法和概念。

1. 请跟着老师一起来趣味练声吧!

乐曲伴奏

一起学一学

小猫咪，喵喵喵，
小花狗，汪汪汪。
小青蛙，呱呱呱，
小汽车，嘀嘀嘀。

提示：老师可引导学生进行练习，学生也可分组训练，从而认识不同字的正确发音并分析它的不同之处和声音的效果。

2. 小朋友，请把下面不是发声器官用 "√" 标出来。

第六节

我有一个"调音台"

1. 小朋友，让我们先来认识一下人体共鸣腔体的家庭成员吧！

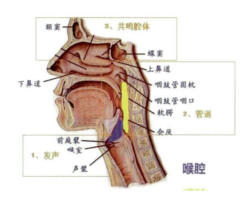

学一学
想一想

2. 小朋友，我们已经学习知道了呼吸器官，发声器官，和共鸣腔体，你能想一想他们在歌唱中的工作职责吗？

呼吸器官——（　　　　　　　　）

发声器官——（　　　　　　　　）

共鸣腔体——（　　　　　　　　）

3. 我们一起做游戏开飞机。

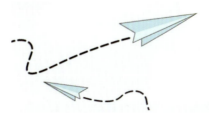

提示：在专业老师的指导下，小朋友们折叠纸飞机，分组模仿飞机在高空中、半空中、
着陆的声音效果，掌握头腔共鸣、胸腔共鸣、口鼻腔共鸣在歌唱中的运用。

1. 请跟着老师一起来趣味练声吧！

你的牛和我的牛

我家有头小花牛，
两个角呀一个头。
我家有个小蜗牛，
两个角呀一个头。
哪个牛哞哞哞？
哪个牛慢悠悠？

提示：老师可引导学生分组做游戏训练，认识共鸣的正确概念，重点练习"哞哞哞"的发声并体会。

2. 小朋友，请把下面进行归类和连线。

头腔共鸣 ●　　　　　　　　　　中间区

胸腔共鸣　　　　　　　　　● 高音区

口鼻腔共鸣　　　　　　　　低音区

提示：在专业老师的指导下，讲解在歌唱中各种共鸣的联系和作用。

12

第七节　善歌者先调其气《乐府杂录》
　　　　　　　　　　　　——段安节

1.小朋友，先学习如何把"气"调整到最佳状态并控制它吧！

提示：小朋友，我们吸的气吸到哪里去了呢？

2.小朋友，我们来了解一下说话和唱歌时我们的气息有哪些不同呢？

速度　　长短

节奏　　强弱

请小朋友想一想，把你认为不同之处填在圆圈内。

数 枣

饶口令数枣

出东门过大桥，大桥底下一树枣；

拿着竿子击打枣，青的多红的少；

一颗枣，两颗枣，三颗枣，四颗枣，五颗枣；

六颗枣，七颗枣，八颗枣，九颗枣，十颗枣；

十颗枣，九颗枣，八颗枣，七颗枣，六颗枣；

五颗枣，四颗枣，三颗枣，二颗枣，一颗枣；

这是一段饶口令，一口气说完才算好。

提示：在专业老师的指导下进行气息练习。

1. 气息练习。

2. 发"丝"的练习。

控制练习　　**A** 短 短 长　　　**B** 长 长 短　　　**C** 短 长 短

气息量练习　**A** 10秒　　　**B** 20秒　　　**C** 30秒

气息口诀：　气从声中走，
声从气中游，
先行后要停。

气息趣味练声

乐曲伴奏

小宝宝

A

1=C 4/4

1	2	3	—	3	2	1	—
小	宝	宝，		想	睡	觉。	
U	U	U，		U	U	U。	

3	4	5	—	5	4	3	—
也	不	哭，		也	不	闹，	
U	U	U，		U	U	U，	

2	3	4	5	3	2	1	—
自	己	安	静	睡	觉	觉。	
U	U	U	U	U	U	U。	

注：（1）先用"U"来轻声练气；
　　（2）视唱简谱旋律；
　　（3）分组练习，注意气息的流畅和连贯。

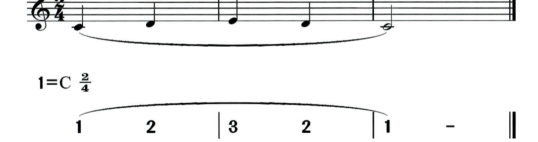

1=C 2/4

1	2	3	2	1	—

注：以"呜"起音，在三度音之间练习。
要求：1. 速度♩=60为基本速度；
　　　2. 吸气平缓，一口气完成，中间换气。

15

第八节

小嘴巴讲好中国话
（开口音练习）

1.什么是开口音？一个音发音时，口形是张开着的，叫做开口音。

2.请小朋友找出下列的字哪些是开口音，请打上"√"。

七　　　瓜　　　宝　　　花　　　梨
□　　　□　　　□　　　□　　　□

3."捉蛤蟆"游戏，开口音训练。　　　教具：快板

一个胖娃娃，捉了三个大蛤蟆；
三个胖娃娃，捉了一个大蛤蟆；
几个胖娃娃，捉了三个大蛤蟆？
答：一个胖娃娃。
几个胖娃娃，捉了一个大蛤蟆？
答：三个胖娃娃。

16　提示：在专业老师的指导下，做声律游戏训练，掌握开口音正确的咬字，要求字正腔圆，发声清晰、干净、自然。

开口音趣味练声

乐曲伴奏

苹果西瓜桃

A

1=C 4/4

5 3 5 3 1   1 | 5 3 5 3 1   1 ‖

苹果 西瓜 桃 呀，   你想 吃哪 个 呀，

5 3 5 3 5 3 1 | 5 3 5 3 1 — ‖

三个 水果 选一 个，   你想 吃哪 个？

注：（1）用中文表示，使用C调或A调；
　　（2）分组练习一问一答；
　　（3）注意开口音的咬字。

笑哈哈

B

1=C 2/4

1. 3 5. 3 | 5. 1 2 |

喇 叭花 呀 笑 哈 哈，

6. 1 6. 1 | 2. 1 2 |

小 西瓜 呀 圆 又 大，

5. 5 5 3 2 | 1. 3 2 |

小 喇叭 指 着 小 西 瓜，

6. 1 6. 1 | 3 2 1 ‖

一 起唱 歌 笑 哈 哈。

17

第九节

小嘴巴讲好中国话
（闭口音练习）

1.什么是闭口音？一个音发音时，口形是闭着的，叫做闭口音。

2.请小朋友找出下列的字哪些是闭口音，请在 ☐ 内打上 "√"。

衣	我	木	西	吃	牙
☐	☐	☐	☐	☐	☐

3.闭口音绕口令——《菜园子》。

菜园子

菜园子、种茄子，
茄子旁边是柿子，
柿子树上有叶子，
叶子装了一篮子。

 18

提示：在专业老师的指导下，掌握闭口音的正确咬字和保持尾音的口形正确。

乐曲伴奏

闭口音趣味练声

菜园子

A

1=C 3/4

1	3	3		1	3	3	
菜	园	子		种	茄	子，	

<u>1 3</u>	5	5		5	3	1	
茄子旁	边	是		柿	子，	

<u>2 3</u>	4	4		<u>2 3</u>	4	4	
柿子树	上		有片	叶	子，	

<u>2 3</u>	4	4		3	2	1	
叶子装	了		一	篮	子。	

注：（1）用中文表示，使用C调—A调（可根据学生音域上下移调）；
　　（2）速度适当由慢到快；
　　（3）先朗诵再视唱。

B "菜园子"游戏。

提示：在专业老师的指导下，小朋友们围成一个大圈，每个乐句有一个闭口音，代表这个蔬菜的小朋友，由老师念，小朋友们表演节目，小朋友们可进行队形改变，互换角色。

第十节

弱起音的训练

　　小朋友，在我们刚开始学习唱歌技巧时，弱起音训练非常重要。掌控了弱起音的技巧后能使我们声音更加好听。弱起音一般是指在弱拍起音或不完全小节起音，对于气息要求较高。

学一学
做一做

口诀：弱而不"虚"，
　　　清而不"满"，
　　　静而不"止"，
　　　欲动不"躁"。

晚 安

章文文 词
章文文 曲

1=C 2/4

```
0    0 1 | 3    0 1 | 5    0 1 | i 7 6 3 | 5    0 2 |
     小 宝，    睡 觉，    在 妈 妈 的 怀 抱。    你

4    0 1 | 6    0 5 | 4 3 2 1 | 2    0 1 |
 的    微 笑，    是 一 切 的 美 好。    宝

3    0 1 | 5    0 1 | i 7 i 2 | 5    0 4 |
 贝，    晚 安，    愿 乖 乖 入 梦 乡。    愿

3 2 6 5 | 2    3 | 1    - | 1    0 ‖
清 晨 给 你 个 拥    抱。
```

注：（1）在专业老师指导下，学习弱起音的演唱技巧，做弱起律动游
　　　　戏并进行小乐器合奏。

（2）本曲可用C调或D调。

（3）弱起部分要安静，咬字清晰。

（4）律动游戏是高低接龙。

（5）教具：纱巾。

乐曲伴奏

21

第十一节

强起音的训练

小朋友，强起音是歌曲作品中强调部分的起始音，强起音一般在强拍起音，要求突出乐句的重点强调部分。

学一学
做一做

注：在专业老师的指导下，
　　理解强起音的练习要点。

口诀："强"而不息，
　　　"满"而不直，
　　　"流"而要弹。

学一学
练一练 **请跟着老师一起来趣味练声吧!**

A

$1={}^{\flat}B$ $\frac{2}{4}$

$\dot{1}$ — | 7 — | 6 — | 5 — |

噜　　　　噜　　　　噜　　　　噜

5 — | 4 — | 3 — | 2 — | 1 — ‖

噜　　　噜　　　噜　　　噜　　　噜

B

$1={}^{\flat}B$ $\frac{3}{4}$

$\overset{>}{\dot{1}}$ 7 $\dot{1}$ | $\overset{>}{7}$ 6 7 | $\overset{>}{6}$ 5 6 | $\overset{>}{5}$ 4 5 |

哎 呦 嘿　哎 呦 嘿　哎 呦 嘿　哎 呦 嘿

$\overset{>}{4}$ 3 4 | $\overset{>}{3}$ 2 3 | $\overset{>}{2}$ 1 2 | $\overset{>}{1}$ — — ‖

哎 呦 嘿　哎 呦 嘿　哎 呦 嘿　呦

注：标注强起音记号的音要略突出一些,

　　在专业老师的指导下,

　　做强起音游戏训练。

第十二节

比一比谁的弹力大?

小朋友，为了让我们的声音更有弹性和灵活性，锻炼我们腹肌横膈膜的力量和收缩力，我们需要对跳音的发声技术进行专业、规范的训练。

想一想做一做

注：小朋友，拿起手中的弹力球，仔细观察弹力球的弹跳原理，思考我们跳音演唱时需要的力是什么？对比以下的球谁的弹力大？

口诀：跳音想唱好，
　　　声音弹性强，
　　　唇舌要放松，
　　　面部须微笑。

A

$1 = C$ $\frac{2}{4}$

5 0 5 0 | 5 0 5 0 | 5 4 3 2 | 1 — ‖

啊 哩 啊 哩 啊哩 啊哩 哩

注：（1）要求气息急促有力；

（2）咬字清晰，保持状态，持续进行；

（3）面带微笑，笑肌抬起，自然放松。

B

$1 = C$ $\frac{2}{4}$

6 3 3 3 | 7 4 4 4 | 1 5 5 5 | 2 6 6 6 |

啊 哈 哈 哈 啊 哈 哈 哈 啊 哈 哈 哈 啊 哈 哈 哈

3 7 7 7 | 4 i i i | 4 5 6 7 | i — ‖

啊 哈 哈 哈 啊 哈 哈 哈 啊 哈 哈 哈 啊

哈哈～

提示：在专业老师的指导下，进行快速跳音练习，用笑声练习，这样做可以使腹肌快
速收缩，增强声音和气息的弹跳力度。

25

第十三节

我们一起"荡秋千"
（声音的流畅练习）

　　小朋友，在我们歌唱时，保持声音的流畅性非常重要，可以让我们的声音悦耳动听，并能很好地展现作品的完整性。

**学一学
做一做**

1. 请小朋友们朗读下面的句子，并思考能表达几种含义？

A
我很好！

我，很好！

我很，好！

B
今天的天气很晴朗！

今天的，天气很晴朗！

今天的天气，很晴朗！

今天的，天气，很晴朗！

　　提示：在专业老师的指导下进行思考，每个乐句的重点词是什么？所表达的含义有什么不同？圆滑线的作用是什么？

2. 在老师的带领下进行游戏训练！

提示：在专业老师的指导下，学生们进行捏气球游戏，捏气球时感受普通气球和捏过造型的
气球里的气有什么不同？专业老师需要启发学生，让学生理解气的流畅性对声音流畅
的作用。

3. 练习曲。

乐曲伴奏

我的小秋千

1=D $\frac{4}{4}$

$\underline{3}\ \underline{3}\cdot\ \underline{3}\ \underline{3}\ 5\ \ -\ \ |\ \underline{3}\ \underline{\dot{1}}\ \underline{7}\ \underline{6}\ \underline{3}\ 5\ \ -\ \ |$

我的　小秋千，　　　　慢慢的 在荡 漾，

$\underline{4}\ \underline{4}\cdot\ \underline{4}\ \underline{6}\ 2\ \ -\ \ |\ \underline{2}\ \underline{2}\ \underline{2}\ \underline{3}\ 1\ \ -\ \ \|$

有你　在身 边，　　　　看我 多快 乐。

第十四节

小马蹄"哒哒哒"
（附点练习）

1. 小朋友们，我们经常看到音符的后面跟着一个小圆点，这个小圆点就是我们所说的附点，它的弹奏和演唱时值是它前面的音符决定的，那么，在我们歌唱时，如何能把附点技巧演唱好呢？

提示：请观察马在跑的时候马蹄的声音，以及玩具青蛙蹦跳的动作。

2. 附点音符演唱技巧口诀。

小小一个点，
作用可不少，
唱时要注意，
是短还是长。
长的须延长，
短的要紧促，
附点掌握好，
歌唱来鼓掌。

提示：小朋友们围成一个圈，在老师的带领下进行附点训练，同时在嘴里念：脚行走、要奔跑，分组练习。

4. 练习曲。

乐曲伴奏

小马驹

1 = C $\frac{4}{4}$

2· 2 2· 7 6· 5 6· 7 | 2· 2 3· 2 5·   0 |

我 有 一 头 小 马 驹， 天 天 跑 得 快，

2· 2 2· 7 6· 5 6· 7 | 2· 2 3· 2 5·   0 |

一 圈 两 圈 三 圈 四 圈 五 六 七 八 圈。

2· 7 6· 5 6· 5 6· 7 | 2· 2 2· 7 6·   0 |

我 有 一 头 小 马 驹， 天 天 跑 得 快，

2· 7 6· 5 6· 5 6· 7 | 2· 2 3· 2 5·   0 ‖

一 圈 两 圈 三 圈 四 圈 五 六 七 八 圈。

提示：聆听《我是草原小骑手》，感觉演唱中的附点表现。

29

第十五节

啄木鸟在歌唱
（十六分音符训练）

1. 小朋友，你们听过啄木鸟的声音吗？请按照老师的指导进行节奏训练。

2. 节奏训练。

$\dfrac{3}{4}$ X X X X X X X X | X X X X X X X X :||
哒

$\dfrac{3}{4}$ X X X X X X X X X | X X X X X X X X X :||
哒

3. 演唱技巧口诀。

十六分音符黑符头，
还有符干连着手，
歌曲作品出现它，
一定记得要公平。

4. 练习曲。

快乐的啄木鸟

乐曲伴奏

1=C 2/4

| X X X X X | X X X X X | 5 5 5 5 5 | 5 5 5 5 5 |

咚 咚 咚 咚 咚，　咚 咚 咚 咚 咚，　　咚 咚 咚 咚 咚，　咚 咚 咚 咚 咚，

| 6 6 5 3 | 5 1 2 | i i 5 | i i 5 |

叽 叽 喳 喳 找 虫 吃。　　咚 咚 咚，　　咚 咚 咚，

| 5 6 6 6 5 3 | 5 2 1 ‖

左 转 右 转 一 圈 又 一 圈。

提示：专业老师可在学生学习《青春舞曲》这首作品时指导学生运用此演唱技巧。

第十六节

我的呼拉圈
（三连音练习）

1. 小朋友，三连音在我们歌曲当中会经常出现，你知道怎样才能把三连音唱得平均又好听吗？

2. 在专业老师的指导下，学生可一起做呼啦圈游戏，从起始到结束，可按照脚 → 腰 → 头 → 腰 → 脚的顺序感受呼啦圈发生的变化。

提示：可按照身体部位进行音高分组训练。

 32

脚 → 1圈   腰 → 3圈   头 → 5圈

3.三连音演唱技巧口诀。

三连音，一般长，
不能短，不能长，
若想唱好它，
必须要稳当。

4.练习曲。

乐曲伴奏

呼啦圈

$1=C$ $\frac{6}{8}$

1 1 1	3 3 3	5 5 5	i.	
呼 啦 圈	转 圈 圈	转 了 一	圈,	

i i 5	6 6 5	4 4 3	2.	
头 转 转	腰 转 转	从 脚 再	来。	

2 2 2	4 4 4	6 6 6	2.	
呼 啦 圈	转 圈 圈	转 了 几	圈,	

7 7 6	6 5 5	4 3 2	1.	‖
你 和 我	我 和 你	快 乐 相	伴。	

33

第十七节

我和另一个我
（变化音练习）

1. 小朋友，变化音是指在原来的音高上，升高或降低的音。在歌曲作品中，变化音出现时的歌唱技巧处理会有所不同。

2. 请在专业老师的指导下进行十二平均游戏训练。

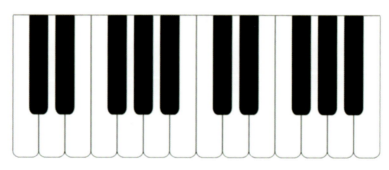

$1=C$ $\frac{2}{4}$

| 1 | #1 | 2 | #2 | 3 | #3 | 4 | #4 | 5 | #5 | 6 | #6 | 7 | #7 | i | - |

| #i | ♮i | #7 | ♮7 | #6 | ♮6 | #5 | ♮5 | #4 | ♮4 | #3 | ♮3 | #2 | ♮2 | 1 | - |

34

3. 变化音演唱技巧口诀。

> 变化音，音要准，
> 看词意，表达准，
> 演唱时，不用慌，
> 一音一字要清晰。

4. 练习曲。

乐曲伴奏

我的影子

1= C $\frac{2}{4}$

<u>3 4</u> <u>5 6</u> | 5 #<u>4</u> 5 | 5 #<u>4</u> 5 | 3 #<u>2</u> 3 |

我 的 影 子　不 见 了，　不 见 了，　去 哪 了？

<u>1 2</u> <u>3 4</u> | 5 #<u>2</u> 2 | 2 #<u>1</u> 2 | <u>3 2</u> 1 ‖

我 的 影 子　找 到 了，　找 到 了，　找 到 了。

提示：在专业老师的指导下进行练习曲训练，能发出准确的变化音并掌握演唱技巧。

第十八节

我的小头花
（"倚音"练习）

1. 倚音是装饰音的一种，是用来装饰旋律的临时音符，或者是记有特殊记号表示该音符作为某种装饰性的音出现，又称"花音"。

2. 装饰音的类型。

名称	记法或唱法	
前倚音	$\frac{2}{3}\dot{1}$ -	$\frac{12}{3}\dot{1}$ -
后倚音	$\dot{1}$ - $\frac{2}{3}$	$\dot{2}$ - $\frac{53}{3}$
上滑音	5 - ╱	5 - ♪
下滑音	$\dot{2}$ - ╲	$\dot{2}$ - ↘
波音	～ 4	～～ 6
颤音	$\overset{tr}{1}$	= $\underline{\dot{1}\ 2\ \dot{1}\ 2}$

3. 装饰音演唱技巧口诀。

装饰音，是装饰，勿忽略，来点睛。
不能拖，不能短，唱得好，出精彩。

4. 练习曲。

乐曲伴奏

剪窗花

作词：佚 名
作曲：章文文

1=D 6/8 欢快地

```
3    6   5    5    1   2  | 6· 1  2   2    3   6   5  |
小   剪  刀，手  中  拿，  我  学 奶  奶   剪  窗  花。

3   67 6  5    i   67 6   5  | 2  3  5  5    6· 2   1  |
剪   梅 花，剪   雪 花，   剪  对 喜 鹊   叫 喳  喳。

i  6  5   5    i  6  5   5  | 2  3  5  5    5   1   2  |
剪 只 鸡  呀，剪 只 鸭  呀，  剪  条 鲤 鱼   摇  尾  巴。

2  3  5   5    i   6   5  | X 2  3  5  5   6· 2   1  :|
大 红 鲤  鱼  谁  来  抱?  哦? 再 剪 一 个  胖 娃  娃。

2  3  5   5   5. | 6·     2. | 1·    1· :|
再 剪 一  个        胖     娃    娃。
```

提示：选自小学语文课本《剪窗花》，让孩子正确演唱前倚音。

37

第十九节

谁是木头人
("休止符"训练)

1. 休止符是用来表示不同长短音的间断时值的符号，在歌唱作品中休止符的技巧处理有"声断气不断"和"声音休止、短音换气"两种。

2. 在专业老师的指导下，进行木头人游戏训练，在音乐短暂停顿时，言肢行为做到声断音止。

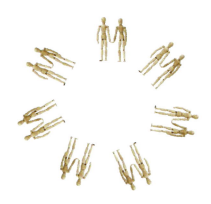

提示：专业老师可组织学生分组、成集体，老师喊木头人时大家可自由活动，喊停时大家要停止，并保持身体和言语静止。

休止符，要停止，
唱歌时，要注意，
声断气不断，
气断声也断。

2.练习曲。

乐曲伴奏

板凳与扁担

$1 = D$ $\frac{2}{4}$

$\underline{5\ 6}\ \underline{5\ 0}$ | $\underline{1\ 2}\ \underline{1\ 0}$ | $\underline{\dot{6}\ 7}\ \underline{1\ 1}\ \underline{1\ \dot{6}}$ | $\underline{2\ 3}\ 2$ |

板凳 宽，　　扁担 长，　　扁担非要绑在　板凳 上，

$\underline{5\ 6}\ \underline{5\ 0}$ | $\underline{\dot{1}\ 6}\ \underline{5\ 0}$ | $\underline{2\ 3}\ \underline{5\ 5\ 5}$ | $\underline{1\ 2}\ 1$ ‖

评一 评，　　说一 说，　　板凳让不让　　扁担 绑。

第二十节

一起坐"过山车"

（音程大跨度练习）

1. 音程大跨度歌唱技巧训练，在我们的歌唱作品中一般技巧难度较高，音准、声音、气息的运用也比较难掌握。

2. 在专业老师的指导下，一起玩过山车游戏。

$1 = C \dfrac{4}{4}$

0 0 0 1 | 1 2 3 4 5 6 7 i | i 7 6 5 4 3 2 1 | 1 - - - ‖

1. 休止符演唱技巧口诀。

从头到脚，跨度大，
第一要求，唱准它，
第二要求，气要足，
第三要求，惯性大。

2. 练习曲。

$1 = C$　$\frac{4}{4}$

$$0 \quad 0 \quad 1 \quad \overset{\frown}{\dot{1}} \mid \dot{2} \dot{1} \quad 7 \, 6 \quad 5 \, 4 \quad 3 \, 2 \mid$$

唔

$$0 \quad 0 \quad 2 \quad \overset{\frown}{\dot{2}} \mid \dot{1} \, 7 \quad 6 \, 5 \quad 4 \, 3 \quad 2 \, 1 \mid$$

唔

$$0 \quad 0 \quad \underaccent{.}{6} \quad 6 \mid 7 \, 6 \, 5 \, 4 \, 3 \, 2 \, 1 \mid 1 \; - \; - \; - \parallel$$

唔

提示：在专业老师的指导下进行发声练习，保持气息流畅和音色统一。

音的力度强弱关系

　　小朋友，力度是指曲谱或音乐作品中音的大或小，也指力量的强度。作曲家为了在乐曲中表现特有的情绪变化或音乐旋律特有的布局安排，安排了强弱力度的变化。那么，为了把乐曲句中的情绪表现到位，歌唱者要有意识地控制和处理乐句中的力度强弱关系，你们能做到吗？

提示：在专业老师的指导下，辨听大雨和小雨的声音力度，学习力度的变化符号。

$$p \qquad pp \qquad ppp$$

$$f \qquad ff \qquad fff$$

$$sf \qquad mf \qquad mp$$

1. 力度变化训练口诀。

力度强与弱，

音量大与小，

情绪控制好。

渐强与渐弱，

渐强气要稳，

渐弱音行远。

2. 练习曲。

1=C 4/4

```
0    0    0    0 33 | 6.      1   2 3   2  | 0 22 5.      5   5 65 |
```

```
3   -   -   -   | 0 33 7.      7   7 57 | 6   -   -   -   |
```

```
0 65 5 44  4   -   | 4 3 3   1   -   | 1   -   -   -   ‖
```

提示：在专业老师的指导下，进行力度变化演唱技巧的训练。

第二十二节

城堡里的关门声
（强终止 弱终止）

1. 小朋友，音乐中的终止是指一个乐句或整曲叙述了完整的含义，表明此乐句或乐曲即将结束。在曲谱中，终止需要用终止线表示，而终止线和小节线的记谱符号又有所不同。如果把乐曲比作一篇文章，小节线是逗号，终止线是句号。

2. 知道小节线、终止线、反复记号的区别和不同。

3.强终止和弱终止技巧训练口诀。

乐曲要终止，

一般是弱终止，

遇到强终止，

需要气保持。

4.练习曲。

$1 = $ C $\frac{3}{4}$

6　　-　　$\underline{5}$ $\underline{3}$ | 6　　-　　$\underline{2}$ $\underline{3}$ | 6　　-　　6　　|

$\dot{2}$　　-　　$\underline{\dot{1}}$ $\underline{6}$ | $\dot{2}$　　-　　$\underline{\dot{1}}$ $\underline{6}$ | 6　-　$\underline{5}$ $\underline{\dot{1}}$ | 6　-　-　‖

提示：在专业老师的指导下进行强终止训练。

第二十三节

我的调色板
（音色统一训练）

1. 小朋友们，音色的统一在歌唱中非常重要，音色统一才能使歌曲作品好听。音色是指音的色彩和特性，在演唱中应尽量避免音色的忽暗忽亮、忽虚忽实。

2. 不同类型的歌曲，需要的音色也不同。

抒情型

欢快型

故事型

3. 音色统一训练口诀。

音色调色板，
色系要选对，
不能混搭唱。
定位要清晰，
说话要利索，
嘴巴要灵活。

4. 练习曲。

$1 = C$ $\frac{2}{4}$

$\overset{\frown}{1 \ 2 \ 3 \ 4}$ | 5 5 | $\overset{\frown}{5 \ 4 \ 3 \ 2}$ | 1 – ‖
哩   啦 啦   哩   啦

第二十五节

山的那一边
（假声训练）

1. 什么是假声？假声是指演唱时通过有意识的控制，使部分声带发声振动所发出的高于普通正常音域的声音，这种声音比整个声带都振动的"真声"要高、要弱，而且音色有通透的感觉。

2. 在专业的老师指导下，区别"真声"与"假声"并说说二者的不同。

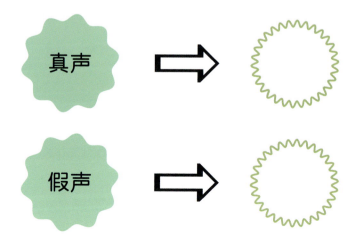

真声 ⇨

假声 ⇨

3.假声演唱技巧训练口诀。

真声和假声，

是否全振动，

高音需转换，

圆滑不断裂。

4.练习曲。

$1=C$ $\frac{2}{4}$

1　－　｜i　7　｜6　5　｜4　6　｜5　－　｜

wu

2　－　｜$\dot{2}$　i　｜7　6　｜5　3　｜1　－　‖

wu

提示：在专业老师的指导下进行假声训练。

要求：轻声唱、不换气，用最大的气息量说悄悄话。

51

形体训练及视唱练习篇

跟我一起练习吧！

站姿组合训练

小朋友们，请在老师的指导下，跟着音乐的节奏，进行站姿组合训练。快来和老师一起来练习吧！

扫码聆听
形体音乐

53

视唱练习

扫码聆听
视唱伴奏

001

1=C 2/4

1 2 | 2 3 | 3 4 | 4 5 | 5 6 |

6 5 | 5 4 | 4 3 | 3 2 | 2 1 |

1 - ‖

002

扫码聆听
视唱伴奏

1=C 2/4

1 2 | 3 4 | 5 6 | 6 5 | 5 4 |

3 2 | 1 - ‖

54 提示：小朋友们，请在老师的指导下，跟着视唱伴奏进行练习吧！

行走组合训练

小朋友们，请在老师的指导下，跟着音乐的节奏，进行行走组合训练。快来和老师一起来练习吧！

扫码聆听
形体音乐

55

视唱练习

扫码聆听
视唱伴奏

001

1 = C $\frac{3}{4}$

| 1 | 2 | 3 | | 2 | 3 | 4 | | 3 | 4 | 5 | | 4 | 5 | 6 | |

| 5 | 6 | 7 | | 6 | 7 | i̇ | | i̇ | 7 | 6 | | 7 | 6 | 5 | |

| 6 | 5 | 4 | | 5 | 4 | 3 | | 3 | 2 | 1 | | 1 | – | – | ‖

扫码聆听
视唱伴奏

002

1 = C $\frac{4}{4}$

| 1 | 2 | 3 | 4 | | 2 | 3 | 4 | 5 | | 3 | 4 | 5 | 6 | |

| 4 | 5 | 6 | 7 | | 5 | 6 | 7 | i̇ | | i̇ | 7 | 6 | 5 | | 7 | 6 | 5 | 4 | |

| 6 | 5 | 4 | 3 | | 5 | 4 | 3 | 2 | | 4 | 3 | 2 | 1 | | 1 | – | – | – | ‖

56

提示：小朋友们，请在老师的指导下，跟着视唱伴奏进行练习吧！

面部表情组合训练

小朋友们，请在老师的指导下，跟着音乐的节奏，进行面部表情组合训练。快来和老师一起来练习吧！

扫码聆听
形体音乐

57

视唱练习

扫码聆听
视唱伴奏

001

$1 = C$ $\frac{2}{4}$

1　　3　｜2　　4　｜3　　5　｜4　　6　｜

5　　6　｜5　　3　｜4　　2　｜3　　1　｜1　　-　‖

扫码聆听
视唱伴奏

002

$1 = C$ $\frac{3}{4}$

1　3　3　｜2　4　4　｜3　5　5　｜4　6　6　｜

5　7　7　｜6　i　i　｜i　7　7　｜7　6　6　｜

6　5　5　｜5　4　4　｜4　3　3　｜2　1　1　｜1　-　-　‖

58　提示：小朋友们，请在老师的指导下，跟着视唱伴奏进行练习吧！

手位组合训练

小朋友们，请在老师的指导下，跟着音乐的节奏，进行手位组合训练。快来和老师一起来练习吧！

扫码聆听
形体音乐

59

视唱练习

扫码聆听
视唱伴奏

001

1= C $\frac{4}{4}$

1 3 2 5 | 3 - - - | 2 4 3 6 | 4 - - - |

3 5 4 7 | 5 - - - | 4 6 5 i | i - - - ‖

扫码聆听
视唱伴奏

002

1= C $\frac{4}{4}$

1 5 3 - | 2 6 4 - | 3 7 5 - |

4 i 6 - | 6 5 3 - | 5 2 7̣ 7̣ | 1 - - - ‖

60 提示：小朋友们，请在老师的指导下，跟着视唱伴奏进行练习吧！

走步、踏步组合训练

小朋友们，请在老师的指导下，跟着音乐的节奏，进行走步、踏步组合训练。快来和老师一起来练习吧！

扫码聆听
形体音乐

视唱练习

001

扫码聆听
视唱伴奏

$1=C$ $\frac{3}{4}$

1 3 5 | 1 3 5 | i̇ 6 6 | 5 - - |

1 4 6 | 1 4 6 | 5 4 3 | 2 - - |

1 3 5 | 1 3 5 | i̇ 2̇ i̇ | 6 - - |

5 6 5 | 4 3 4 | 2 7̣ 2 | 1 - - ‖

002

扫码聆听
视唱伴奏

$1=C$ $\frac{2}{4}$

5 <u>3 4</u> | 5 5 | <u>6 7</u> <u>i̇ 6</u> | 5 5 |

4 <u>2 3</u> | 4 4 | <u>6 5</u> <u>4 3</u> | 2 1 ‖

提示：小朋友们，请在老师的指导下，跟着视唱伴奏进行练习吧！

肩部灵活组合训练

小朋友们，请在老师的指导下，跟着音乐的节奏，进行肩部灵活组合训练。快来和老师一起来练习吧！

扫码聆听
形体音乐

63

001

扫码聆听
视唱伴奏

1 = C 2/4

1 2 3 1 | 3 - | 2 3 4 2 | 4 - |

3 4 5 3 | 5 - | 4 5 6 4 | 6 - |

5 6 7 5 | 7 - | 6 7 i 6 | i - |

i 7 6 5 | 4 - | 7 6 5 4 | 3 - |

6 5 4 3 | 2 - | 5 4 3 2 | 1 - ‖

002

扫码聆听
视唱伴奏

1 = C 2/4

5 3 | 5 5 3 | i i 7 6 | 5 - |

5 3 | 5 5 3 | 6 5 4 3 | 2 - |

5 3 | 5 5 3 | i i 2 1 | 6 - |

6 5 4 3 | 2 3 | 1 - ‖

64 提示：小朋友们，请在老师的指导下，跟着视唱伴奏进行练习吧！

腰部灵活组合训练

　　小朋友们，请在老师的指导下，跟着音乐的节奏，进行腰部灵活组合训练。快来和老师一起来练习吧！

扫码聆听
形体音乐

视唱练习

扫码聆听
视唱伴奏

001

$1 = C$ $\frac{4}{4}$

5 0 3 4 | 5 0 6 i | 5 0 3 4 |

5 0 2 4 | 3 0 1 3 | 2 0 6 5 |

5 0 0 0 ‖

扫码聆听
视唱伴奏

002

$1 = C$ $\frac{4}{4}$

1 2 3 4 5 6 7 i | 7 6 5 0 7 6 5 0 |

1 2 3 4 5 6 7 i | 7 6 5 0 7 6 5 0 |

3 4 5 6 5 6 7 i | 6 5 4 0 5 4 3 0 |

3 5 2 5 1 - ‖

68 提示：小朋友们，请在老师的指导下，跟着视唱伴奏进行练习吧！

腹、腰、胯、腿拉伸组合训练

　　小朋友们，请在老师的指导下，跟着音乐的节奏，进行腹、腰、胯、腿拉伸组合训练。快来和老师一起来练习吧！

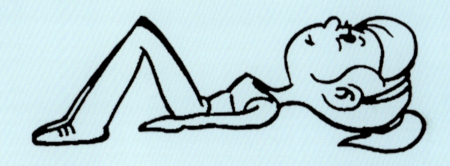

扫码聆听
形体音乐

69

🎤 视唱练习

001

扫码聆听
视唱伴奏

$1=C$ $\frac{4}{4}$

$\underline{3\ 1}$ $\underline{3\ 1}$ $\underline{5\ \underline{5\ 6}\ 5}$ | $\underline{\dot{1}\ 7}$ $\underline{6\ 5}$ $\underline{4\ \underline{4\ 3}\ 2}$ |

$\underline{3\ 1}$ $\underline{3\ 1}$ $\underline{2\ \underline{2\ 3}\ 2}$ | $\underline{2\ 6}$ $\underline{5\ 4}$ $\underline{3\ 2}\ 1$ ‖

002

扫码聆听
视唱伴奏

$1=C$ $\frac{3}{4}$

1 1 1 | 2 2 2 | 3 3 3 | 4 – – |

5 5 5 | 6 6 6 | 7 7 7 | $\dot{1}$ – – |

1 2 3 | 1 2 3 | 1 2 3 | 4 – – |

2 3 4 | 2 3 4 | 2 3 4 | 5 – – |

$\dot{1}$ $\dot{2}$ $\dot{1}$ | 6 $\dot{1}$ 6 | 5 6 5 | 2 3 2 | 1 – – ‖

🎵70 **提示：** 小朋友们，请在老师的指导下，跟着视唱伴奏进行练习吧！

呼吸操组合训练

　　小朋友们，请在老师的指导下，跟着音乐的节奏，进行呼吸操组合训练。快来和老师一起来练习吧！

扫码聆听
形体音乐

视唱练习

001

1 = C 4/4

1·2 3·4 5·6 7·i | 2·i 7·6 5   - |

i·7 6·5 4·3 2·1 | 2·1 2·3 5   - |

1·2 3·4 5·6 7·i | 2·i 7·6 5   - |

i·7 6·5 4·3 2 | 2·1 2·3 1   -   ‖

002

1 = C 2/4

6 6   5 | 6 6   5 | 6 i 3 5 | 6   - |

6 6   2 | i 7 6 | 6 5 3 1 | 2   -   ‖

72 提示：小朋友们，请在老师的指导下，跟着视唱伴奏进行练习吧！

舞台走位训练

小朋友们，请在老师的指导下，跟着音乐的节奏，进行舞台走位训练。快来和老师一起来练习吧！

扫码聆听
形体音乐

视唱练习

扫码聆听
视唱伴奏

001

1=C 3/4

i 6 6 | i 6 6 | 6 5̲5̲ 2 | 7̣ - - |

3̇ 2̇ 2̇ | 3̇ 2̇ 2̇ | 2̇ i 6 | 5 - - |

6 2̇ 2̇ | 3̇ 2̇ 2̇ | 2̇ 6 i | 6 - - |

5 6 5 | 6 5 2 | 2 1 6̣ | 6̣ - - ‖

扫码聆听
视唱伴奏

002

1=C 2/4

0̲ 5̣̲ 1̲ 2̲ | 3 - | 3̲ 4̲ 6̲ 5̲ | 3 - |

0̲ 2̲ 2̲ 3̲ | 4 - | 6̲ 5̲ 2̲ 3̲ | 1 - ‖

74 提示：小朋友们，请在老师的指导下，跟着视唱伴奏进行练习吧！

小朋友们，请在老师的指导下，跟着音乐的节奏，进行伸展组合训练。快来和老师一起来练习吧！

扫码聆听
形体音乐

75

视唱练习

001

扫码聆听
视唱伴奏

1=C 4/4

3 65 323 3261 2 | 2 35 2 16 2 — |

532 321 2 126 6 | 2 53 2 12 6 — ‖

002

扫码聆听
视唱伴奏

1=C 2/4

5555 6 | 5555 2 | 5555 6 6 |

5555 2 2 | 1 23 2 2 | 1 61 2 |

5555 6 2 | 5 — ‖

76 提示：小朋友们，请在老师的指导下，跟着视唱伴奏进行练习吧！

身体平衡组合训练

　　小朋友们，请在老师的指导下，跟着音乐的节奏，进行身体平衡组合训练。快来和老师一起来练习吧！

扫码聆听
形体音乐

视唱练习

001

1 = C 3/4

3.4 5 5 | 3.4 5 5 | 3.4 5 í | 5 — — |

2.3 4 4 | 2.3 4 4 | 2.3 4 6 | 2 3 — |

3.4 5 5 | 3.4 5 5 | 3.4 í ż | 6 — — |

7.6 5 4 | 6.5 4 3 | 3.1 2 3 | 1 — — ‖

002

1 = C 4/4

6̣ 33 3 6̣ | 1 23 2 | 6̣ 22 2 6̣ | 7̣ ♯5̣ 6̣ |

3 6̣ | 1 6̣ | 1 22 2 | 3 7̣ 6̣ 5̣ 6̣ — ‖

提示：小朋友们，请在老师的指导下，跟着视唱伴奏进行练习吧！